Le livre de la Vierge

23 août – 22 septembre

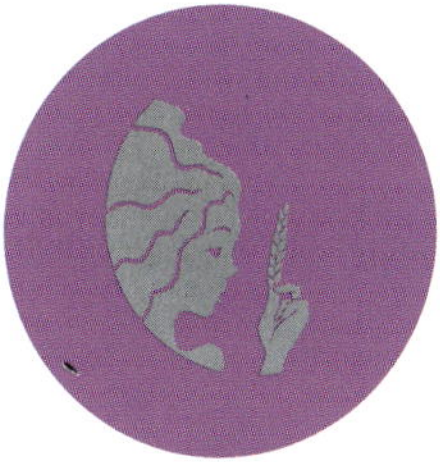

Gary Goldschneider / Stella Hyde

LAROUSSE

VIERGE
son mode d'emploi, ses qualités…

AU TRAVAIL

EN SOCIÉTÉ

VIERGE

sa face cachée, ses défauts...

La Vierge est un signe mutable, gouverné, comme les Gémeaux, par Mercure. Son élément est la Terre. La Vierge est solide ; c'est un esprit pratique, à même de structurer la vie de ceux qui l'entourent. Mais si elle se laisse gouverner par les impulsions de son système nerveux et digestif, elle peut devenir sa pire ennemie. Merveilleuse organisatrice des groupes dont elle fait partie, elle y est appréciée. La plupart du temps, elle observe une discrétion absolue sur le jardin secret de sa vie privée.

VIERGE

son mode d'emploi, ses qualités...

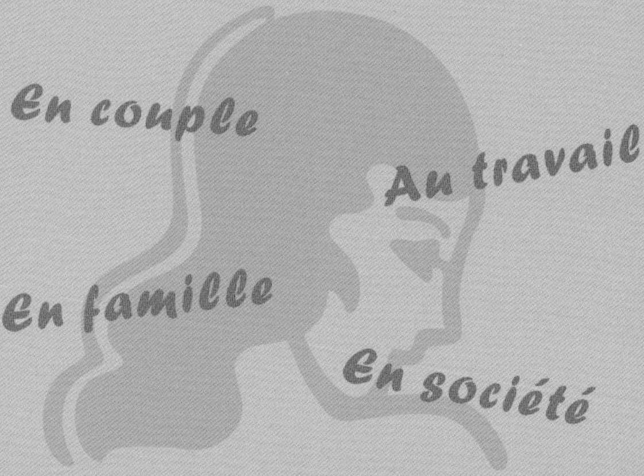

Au Travail

Collègue
Patron(ne)
Employé(e)
Client(e)
Associé(e)
Concurrent(e)

Le patron Vierge

Il est pragmatique et, en général, réaliste. Les intentions qui se dissimulent derrière les actes sont loin d'être aussi importantes pour lui que les résultats ! Les faits et les chiffres jouent un grand rôle dans ses raisonnements. Il est donc préférable de les connaître sur le bout des doigts quand on est appelé dans son bureau... Il n'acceptera les excuses que si elles sont étayées par la logique et des preuves recevables. Ne cherchez pas à susciter sa compréhension et restez, dans vos relations, aussi froid que possible. Son temps est précieux, comme le vôtre, alors ne le gaspillez pas en bavardages inutiles !

POINTS FORTS

Réaliste
Pragmatique
Concret

RELATIONNEL

Objectif
Économe
Concis

Son mode de management

Le patron Vierge est prêt à vous laisser prendre des décisions, pour autant qu'elles soient solidement étayées ! Mais il ne veut ni discussions stériles ni imprécision dans l'expression ou la mise en œuvre de ce que vous avez décidé. Pour ce patron, la décision écrite l'emporte sur les simples paroles. Il lui faut la date à laquelle elle a été prise, les ressources en personnel et matériel requises, un budget en bonne et due forme et toute autre information utile. Même si, en votre présence, il ne paraît jeter qu'un coup d'œil à vos plans, soyez sûr qu'en privé, il les examinera à la loupe...

Comment l'impressionner

En général, le patron Vierge est impressionné par les faits, et seulement les faits ! Évidemment, il tient aussi à ce qu'ils soient parfaitement présentés. Ce personnage adore les listes, plannings, agendas et toutes les aides structurelles qui permettent de rendre les chiffres plus convaincants et plus faciles à comprendre. Quand vous présentez les choses, soyez bref et n'enrobez jamais votre propos. Souvenez-vous : la Vierge aime se faire son idée personnelle et n'a nul besoin que vous lui chantiez les louanges de vos projets. Si vous l'avez impressionnée, elle sera motivée pour vous donner un coup de pouce...

LUI ANNONCER UNE MAUVAISE NOUVELLE...

Bien que ce patron se laisse rarement aller, l'annonce brutale de mauvaises nouvelles peut provoquer une colère immédiate. En général, sa première question sera : « Comment est-ce arrivé ? » et la seconde : « Qui est responsable ? » Pour la Vierge, il est essentiel de savoir qui est fautif. Dès qu'elle est certaine d'avoir découvert le vrai coupable, elle le réduit à néant avec la précision d'un laser ! Des critiques, assénées par un patron Vierge relativement calme passeraient, chez n'importe qui d'autre, pour une exécution dans les règles de l'art. Les accusations pleuvent dru, et seule une victime capable de parer chaque coup avec dextérité garde une chance de survie professionnelle...

Comment défendre un projet

Commencez par expliquer vos intentions et les potentialités du projet sous forme d'un rapide exposé. Abordez ensuite les points les plus importants, en les énumérant les uns après les autres. Après quoi, préparez-vous à répondre aux questions précises qui ne manqueront pas de porter sur les plus infimes points de détail. Enfin, donnez une évaluation des besoins en matière de budget, de personnel et de temps nécessaires à la réalisation du projet. Le patron Vierge est plutôt pingre ! Attendez-vous donc à ce qu'il réduise au strict minimum vos besoins et les moyens à disposition.

Obtenir une augmentation

Rassemblez le plus d'éléments possible pour démontrer votre engagement dans votre travail et les **résultats positifs** que vous avez enregistrés ! Ne soyez pas surpris si votre Vierge de patron est déjà au courant de tout : enquêtes et contrôles sont ses spécialités. Prouvez que vous agiriez plus efficacement et seriez d'un plus grand intérêt pour l'entreprise à un poste plus élevé. Notre personnage ne manquera pas de vous poser quelques questions pour tester vos nerfs. Répondez **succinctement et avec précision**. Évitez les digressions et les plaisanteries, tout comme les brusques changements de sujet.

L'employé Vierge

L'employé Vierge prend son métier très à cœur et fait un travail de qualité à un échelon professionnel assez élevé. Sérieux et digne de confiance, il est parfois un peu terne. La Vierge étant d'un caractère réservé, son travail lui tient souvent lieu d'exutoire social. En fin de compte, son métier est autant un moyen de gagner sa vie qu'une possibilité d'établir des relations quotidiennes avec ses frères humains... Ses meilleurs amis se trouvent fréquemment parmi ses collègues. Les discussions du déjeuner et les échanges devant la machine à café sont pour elle autant d'opportunités sur le plan social !

Sérieux
Professionnel
Fiable

POINTS FORTS

Responsable
Consciencieux
Serviable

RELATIONNEL

Comment le recruter

À la lecture de son CV et dès la première entrevue, il est assez facile de déterminer à quoi l'employé Vierge peut ou ne peut pas prétendre. Il cherche rarement à se faire passer pour ce qu'il n'est pas, simplement pour décrocher le job... **Réaliste avant toute chose**, il sait qu'employeur et employé doivent avoir une idée claire de ce qui les attend quand ils travailleront ensemble. Ses questions sont souvent perspicaces, mais aussi très révélatrices de ses **priorités**. L'employé Vierge veut, par-dessus tout, être certain que l'entreprise peut lui assurer un niveau de sécurité satisfaisant !

Comment le gérer

La Vierge est un **signe plutôt cérébral**. Toutes les questions nécessitant de l'intelligence et de l'agilité mentale, tous les problèmes à résoudre l'intéressent ! Ce qui motive le plus fortement l'employé Vierge ? Les projets menés selon une logique rigoureuse, mais aussi les patrons qui savent tirer parti

QUELLES TÂCHES LUI CONFIER ?

Si le travail est préparé et expliqué avec soin, l'employé Vierge remplira sa tâche à la perfection. Très terre à terre, il suivra les instructions à la lettre. Évitez de lui laisser trop de liberté d'interprétation : détaillez clairement les choses en procédant point par point. Mieux vaut qu'il se sente libre de poser des questions et de consulter ses supérieurs en cas de problème. La Vierge préfère travailler seule plutôt qu'en équipe, il faut donc lui assigner une tâche dans laquelle son souci du détail, sa précision et sa concentration porteront leurs fruits !

de ses facultés intellectuelles. Très critique lui-même, cet employé accepte et tire profit des remarques, pourvu qu'elles soient constructives et faites avec doigté. Si le patron reste objectif et évite la colère et les accusations directes, la Vierge se montre un instrument dévoué, qui exécute les ordres venus d'en haut. Sensible aux gratifications, elle se contente d'un mot de remerciement ou de félicitations pour un travail bien fait, mais elle apprécie encore plus primes ou promotions...

Lui annoncer une mauvaise nouvelle

La Vierge souffre souvent d'un **complexe d'infériorité** caché. Il peut remonter à la surface quand elle est confrontée à un coup dur, qu'il s'agisse d'une mauvaise nouvelle ou d'une menace de licenciement. Il n'est pas rare que cet employé perde alors tout contrôle et s'effondre ! En patron ou directeur attentif, **prenez vos précautions** en annonçant un événement fâcheux à une Vierge, et évitez de la mettre en cause directement. Tenez-vous-en aux faits et aux chiffres qui prouvent que la situation est devenue impossible. Abordé ainsi, l'employé Vierge est capable de rectifier le tir et peut continuer à remplir parfaitement son rôle dans l'entreprise par la suite.

Le collègue Vierge

La Vierge est souvent très proche de ses collègues, non seulement en tant que professionnelle, mais en tant qu'amie. Elle préfère travailler seule, mais si elle fait partie d'une équipe, elle est fière de sa réussite. Dans un groupe, elle cherche rarement à prendre le commandement et se contente d'un rôle modeste. Elle travaille dur et n'est pas du genre à se décharger sur ses collègues de ce qu'elle n'a pas envie de faire. En général polie et attentionnée, la Vierge peut aussi se montrer parfaitement indifférente aux subtilités émotionnelles, tant elle est obsédée par son amour du détail et des faits objectifs.

Serviable
Honnête
Poli

POINTS FORTS

Modeste
Travailleur
Réservé

RELATIONNEL

Lui demander de l'aide

Demandez-lui conseil **à titre professionnel** plutôt que personnel ! Prompt à donner son avis, ce collègue peut interpréter une situation totalement à contresens et faire une recommandation qui se révélera désastreuse si elle est suivie à la lettre... Pour toutes les questions professionnelles touchant aux programmes, procédures complexes et détails techniques, en revanche, il fera merveille. Son **esprit acéré** a le chic de l'orienter dans un labyrinthe d'informations et lui faire découvrir des procédés pratiques et efficaces. S'il parle ou pense trop vite pour vous, demandez-lui juste de ralentir et de prendre le temps de vous expliquer les choses simplement.

Si vous avez besoin d'aide, la Vierge ne se précipitera pas immédiatement dans l'action ! Elle a **besoin de réfléchir** à votre demande et d'en examiner les conséquences possibles sur son propre statut professionnel. Si elle pense que le fait de vous aider ne lui portera pas préjudice, elle acceptera probablement. Elle peut être longue à se mettre en route, mais elle **honorera ses promesses**. Attendez-vous, pourtant, à ce qu'elle réduise sans préavis l'étendue ou la durée de ses services, pour des motifs variés.

Comment l'impressionner

Pour que la Vierge donne le meilleur d'elle-même, il faut qu'elle soit dans un groupe de **travailleurs acharnés** où chacun fait sa part. Elle ne supporte ni les fumistes ni les parasites ! Et elle déteste les individus charmeurs ou superficiels qui cherchent des passe-droits ou manipulent les autres pour se dérober à leurs obligations. Quand ce genre de nuisible apparaît dans un groupe, demandez à la Vierge de mettre les points sur les « i » et de remettre l'individu dans le droit chemin. L'**obstination** n'est pas la moindre de ses qualités et elle ne prendra pas un instant de repos tant que l'équipe ne fonctionnera pas avec le maximum d'efficacité.

Faire équipe avec lui

Le collègue Vierge se montre extrêmement coopératif quand il travaille en équipe, à condition qu'on ne l'ignore pas et qu'on ne considère pas sa collaboration comme un fait acquis ! **Peu avide d'avantages** et de gratifications, il se sent pleinement récompensé si on félicite le groupe auquel il appartient. Rarement rebelle, ce collègue proteste néanmoins s'il se sent traité de manière injuste. Les promesses non tenues l'ulcèrent, car pour lui, **parole donnée vaut contrat**. Ne tenez pas trop compte de ses récriminations : se plaindre de ses petites frustrations est nécessaire à la santé mentale d'une Vierge...

EN CAS DE DÉSACCORD...

Seuls le bon sens et les arguments logiques peuvent convaincre une Vierge ! Faire appel à ses émotions tombe généralement à plat. Si vous avez des critiques à formuler, prenez-la à part et analysez ses méthodes point par point, patiemment et de manière constructive. Réduisez ces séances au minimum, car les critiques répétées finissent par l'énerver et la décourager. Pour persuader une Vierge de la justesse de vos observations, contentez-vous de brèves explications ! Il n'est pas toujours facile de la convaincre du premier coup, car elle a besoin de s'assurer que vos méthodes marchent avant de se décider à les adopter.

Le client Vierge

Ce client se montrera exigeant et tatillon, sans nul doute. Travailler avec lui nécessite de faire preuve de beaucoup de concentration, puisqu'il veut qu'on suive ses instructions à la lettre. Il examinera vos rapports à la loupe et vous serez obligé de mettre les points sur les « i » et les barres aux « t » ! Essayez de l'amener à voir les choses dans leur ensemble et insistez sur les lignes directrices ou la philosophie de votre projet. Mais ne vous attendez pas à des miracles ! Il vous félicitera rarement, le seul fait qu'il reste votre client devant être considéré déjà comme un compliment.

POINTS FORTS

Concentré
Minutieux
Précis

RELATIONNEL

Factuel
Observateur
Analytique

Comment l'éblouir

Le client Vierge exige que vous ayez une **approche analytique** et minutieuse, comme lui ! Tâchez de connaître les grandes lignes d'un de ses précédents projets, afin d'étudier sa démarche avant de vous lancer. Vous impressionnerez profondément la Vierge quand elle verra comment vous êtes capable de **répondre de A à Z** à son cahier des charges. Pour avoir une idée de l'avancement du travail, elle vous demandera de faire régulièrement des « points ». À tout moment, elle peut tirer le signal d'alarme et tout stopper pour corriger et rediriger vos efforts, alors tenez-vous prêt !

Capter son attention

La Vierge est très attachée à sa façon de procéder : si vous voulez qu'elle vous prête une oreille attentive, **montrez-vous curieux** et demandez-lui comment elle aborderait tel ou tel problème ! Évitez de saupoudrer la conversation d'anecdotes et de plaisanteries et **fuyez les digressions** et ne changez pas continuellement de sujet. La Vierge aime la complexité et c'est en stimulant ses facultés cérébrales que vous capterez son attention. La difficulté est une chose qui la fascine et, selon l'agilité intellectuelle dont vous saurez faire preuve, vous l'intéresserez ou non...

Lui vendre à tout prix

Une fois que vous aurez fait vos preuves auprès du client Vierge, lui vendre un produit ou un projet nouveau ne devrait guère poser de problèmes ! Mais il faut d'abord que vous soyez **crédible à ses yeux**. Pour ce faire, il est impératif que votre premier projet avec lui soit un succès. Votre présentation doit être logique, sans contradictions ni incohérences ! Montrez-vous optimiste et positif, mais évitez d'escamoter ou d'ignorer les difficultés potentielles telles que les contraintes de coûts ou de délais. Vos **références auprès d'autres clients** sont un bon argument de vente, surtout si vous avez amélioré la position d'un de ses concurrents dans le passé...

Dress code et comportement

Évitez de porter des vêtements voyants ou trop élégants qui risquent de distraire votre client et de l'empêcher de se concentrer sur les projets. Les parfums entêtants, le style sexy ou les coiffures branchées peuvent s'avérer tout aussi contre-productifs... Ayez l'air d'une personne sérieuse et attentive. Vous pouvez même insister sur cet aspect, en prenant studieusement des notes et en posant des questions pertinentes. La Vierge n'aime guère que ses auditeurs soient inattentifs et elle déteste par-dessus tout qu'ils se montrent incapables de saisir ce qu'elle veut. Elle ne supporte pas de se répéter : essayez de comprendre ce qu'elle dit du premier coup...

LUI ANNONCER UNE MAUVAISE NOUVELLE...

Ce client peut parfaitement accepter une mauvaise nouvelle si vous lui exposez toutes les raisons qui expliquent, de façon logique, cet échec. En lui exposant les causes une par une et en lui faisant voir comment y remédier (ou au moins les minimiser) à l'avenir, vous le convaincrez de vous accorder une seconde chance. La Vierge peut se montrer enthousiaste si on lui propose une nouvelle approche d'un ancien problème. Surtout s'il s'agit d'une solution économique qui n'infléchit qu'à peine sa démarche : de légers changements de direction préservant ses intentions originales auront toujours sa préférence.

Comment le distraire

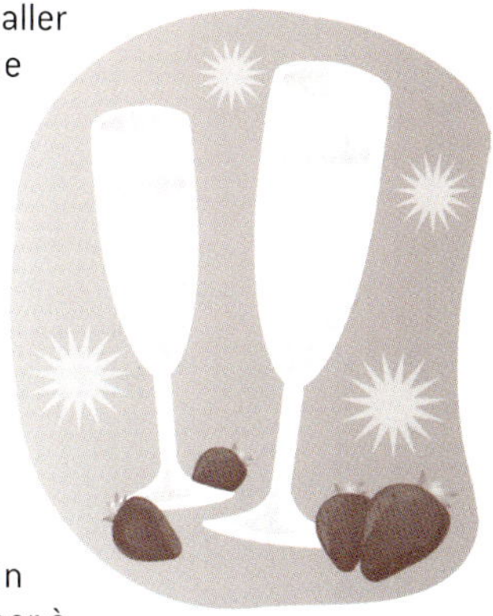

La Vierge peut se laisser aller et s'amuser comme une folle, pourvu que ce soit en dehors du cadre professionnel. Elle veut maintenir une stricte séparation entre sa vie personnelle et professionnelle, mais elle ne sait pas comment s'y prendre ! En lui permettant d'oublier sa carrière pendant un temps et de s'abandonner à ses instincts hédonistes, vous lui ferez une grande faveur – qu'elle n'est pas près d'oublier. Une fois que vos talents d'amuseur auront séduit le client Vierge, il est probable qu'il voudra continuer à faire affaire avec vous, les parenthèses de bon temps que vous lui réservez faisant office d'appât et de prime...

L'associé Vierge

En règle générale, cet associé est un bon partenaire de travail... si l'on excepte le côté versatile de la Vierge, qui se manifeste fréquemment. Souvent imprévisible, il peut déconcerter ses collaborateurs par ses brusques revirements. Ce n'est pas forcément par calcul qu'il agit ainsi, mais sous le coup d'impulsions dont il est parfois le premier surpris. Voilà pourquoi il est si difficile de savoir absolument à quoi s'attendre avec lui. De plus, en bonne Vierge, son caractère secret l'incline à garder beaucoup de choses pour lui : vous aurez donc un certain mal à savoir ce qu'il pense...

+
Loyal
Calme
Discret
POINTS FORTS

Secret
Surprenant
Discret
RELATIONNEL

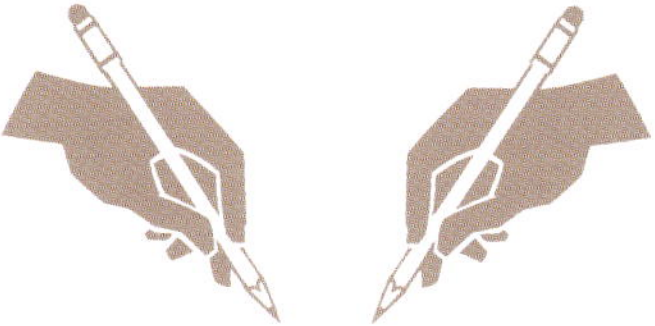

S'associer avec lui

La Vierge aime savoir à l'avance **ce qu'on attend d'elle**. Dans une association, la répartition du travail sera minutieusement discutée, planifiée et consignée par écrit. Elle accepte rarement une tâche qu'elle n'est pas sûre de pouvoir accomplir. La Vierge cherche avant tout à **obtenir de bons résultats** et elle attend plus ou moins la même chose de son ou ses associés… Paradoxalement, les partenaires qui lui conviennent le mieux lui sont diamétralement opposés : ils sont à l'aise dans la théorie, l'imagination et l'intuition…

La répartition des tâches

Dans la mesure du possible, laissez l'associé Vierge **travailler comme il l'entend** ! S'il est nécessaire de réunir une équipe de spécialistes pour l'aider à mettre en œuvre ses idées, qu'il choisisse lui-même ses assistants... En général, il sait d'instinct avec qui il peut travailler et avec qui c'est impossible. Si vous avez besoin d'assistance sur l'un de vos projets, l'associé Vierge sera prêt à vous tendre une main secourable. Évitez toutefois de l'interrompre dans son travail ; une fois déconcentré, il peut avoir du mal à retrouver ses marques !

EST-IL GÉRABLE ?

Ingérable à certains égards, l'associé Vierge sait se montrer extrêmement agréable à d'autres ! Cela dépend évidemment de son caractère... En tout cas, quand il résiste à une demande, battez immédiatement en retraite et cherchez une approche moins directe et moins conflictuelle. De la même manière, évitez de profiter de son apparente bonne volonté à se soumettre aux ordres, qui peut dissimuler une rancœur prête à ressurgir plus tard... Plutôt que de lui demander : « Est-ce que tu veux bien faire cela ? », essayez de deviner sa réponse sans poser la question. L'associé Vierge appréciera votre perception extrasensorielle de ses désirs et de ses besoins... et cela mettra un peu d'huile dans ses rouages grinçants !

Maintenir de bonnes relations

Les problèmes avec l'associé Vierge ne surgissent souvent qu'après une assez longue période. En fait, vous pouvez croire que tout se passe bien jusqu'au jour où ses foudres vengeresses s'abattent sur vous et vous renversent ! Pour éviter de telles mésaventures, encouragez votre Vierge à dire de temps à autre ce qu'elle a sur le cœur, et prenez-la au sérieux. Cette démarche n'est pas sans risques, car elle adore se plaindre et, en la confortant dans cette voie, vous risquez de mettre le doigt dans l'engrenage...

Mettre fin à votre collaboration

La Vierge est souvent très attachée à l'association. Mais elle a assez de sens des réalités pour s'apercevoir que les choses ne fonctionnent plus ! Si c'est vous qui n'êtes plus satisfait de la situation, alors qu'elle continue à l'être, essayez de faire des suggestions concrètes pour remédier à ce qui ne vous convient pas. Si elle n'approuve pas, ce désaccord fournira une cause de séparation qu'elle acceptera. Quand l'associé Vierge n'est plus satisfait, il peut souffrir pendant des mois ou des années sans rien dire et, un jour, annoncer brusquement qu'il en a assez !

Le concurrent Vierge

Le concurrent Vierge peut se révéler extrêmement intelligent et c'est un adversaire redoutable sur le plan intellectuel. Aimant particulièrement se mesurer à ses rivaux, il cherche à les perturber, les désorienter et les exaspérer, en utilisant toutes les tactiques imaginables pour semer le trouble... Tout cela est fait de manière subtile, tandis que lui reste froid, calme et serein de son côté de la barrière. Dès que sa stratégie a produit les résultats escomptés, il revient à ses plans initiaux et s'occupe de ses propres produits ou services, innocemment, comme si rien ne s'était passé !

+

Intelligent
Redoutable
Subtil

POINTS FORTS

Retors
Sournois
Secret

RELATIONNEL

Stratégie de combat

La meilleure façon de déjouer les manœuvres sournoises du concurrent Vierge est de lui rendre la monnaie de sa pièce ! Dès qu'il s'immisce dans vos relations publiques ou dans vos campagnes de marketing, déclarez-lui une guerre ouverte, mais silencieuse, et contre-attaquez. Essayez de saper ses plans avec les mêmes moyens qu'il emploie pour déstabiliser les vôtres. Tout en cherchant à limiter les dégâts dans vos rangs, contrez ses agressions et réparez vite les trous qu'il aura faits dans vos défenses. Cette réponse rapide l'énervera et le rendra vulnérable !

Déjouer ses plans

La Vierge est au meilleur d'elle-même lorsqu'elle élabore des plans : n'essayez pas de la battre sur ce terrain ! Attendez que ses objectifs deviennent clairs avant de chercher à vous y opposer point par point. Si vous réussissez à percer son armure en un ou deux endroits, votre concurrent risque de mettre en doute l'efficacité de tous ses calculs. Vous pouvez être sûr qu'il effectuera des changements. Ainsi, c'est vous qui donnerez le tempo des opérations et, dès lors, il ne fera plus que réagir à vos mouvements tactiques. La Vierge est souvent déroutée quand elle se trouve sur la défensive...

Comment l'impressionner

Dans la mesure où le concurrent Vierge agit toujours en secret, adoptez une approche opposée ! Montrez-vous expansif et communicatif, vous avez toutes les chances d'irriter et de déstabiliser votre adversaire. Il est surpris [et se moque probablement de cette naïveté qui vous rend trop bavard], et pendant ce temps, vous profitez de son étonnement pour prendre l'avantage. Semez à foison faux indices et témoignages contradictoires pour ébranler ses certitudes. Dès qu'il commencera à réagir, il dévoilera probablement beaucoup de ses intentions cachées...

Prendre l'avantage

La plupart du temps, le concurrent Vierge traite ses vraies affaires **en coulisse**. Parfois même, il fait représenter les intérêts de sa société, de manière non officielle, par un prête-nom. Contrez-le directement en vous livrant à de petites recherches et à de l'**espionnage** pour miner sa stratégie ! Dans une guerre des enchères ouvertes, le **bluff** reste le meilleur moyen de vous opposer à ce concurrent, puisqu'il est probable qu'il prendra vos actions au pied de la lettre. En faisant des offres élevées, vous le pousserez à surenchérir, puis vous vous retirerez du jeu pour le laisser seul gagnant d'un marché surévalué que, de toute façon, vous ne vouliez pas remporter...

LA PSYCHOLOGIE DU CONCURRENT VIERGE...

En général, le concurrent Vierge cherche à se montrer objectif. En ce qui concerne les questions personnelles, il est très secret et protège son intimité. Une simple allusion à un point de sa vie privée suffit à le perturber. En temps de paix, il est préférable d'éviter scrupuleusement ce genre de sujet. Par contre, si vous êtes en guerre avec ce type d'adversaire, vous pouvez parfaitement utiliser cette arme ! La colère est la pire ennemie de la Vierge qui, du coup, prête le flanc aux attaques, expose sa sensibilité et soumet son délicat système nerveux à un stress intense.

En Couple

Petit(e) ami(e)

Ex

Conjoint(e)

Flirt

Amant(e)

Le flirt Vierge

La Vierge peut se montrer **réservée et distante** lors du premier rendez-vous. Critique et prudente, elle garde ses sentiments pour elle et ne laisse pas deviner ce qu'elle pense de vous. Ne vous immiscez pas dans sa sphère. Ne l'acculez pas, ne la forcez pas à vous dire si elle a passé un bon moment. Lors d'une première rencontre, la Vierge **veut plaire et faire de l'effet** : n'hésitez pas à lui en faire compliment. Elle attend que vous vous montriez spirituel, que vous parliez de choses passionnantes, pimentées de commentaires fins ! Si elle se tait, cela n'implique pas qu'elle ne vous apprécie pas...

Points forts

- Élégant
- Séduisant
- Délicat

Relationnel

- Calme
- Imperturbable
- Détaché

L'attirer dans vos filets

Généralement, la Vierge n'a rien contre un rendez-vous ! Toutefois, elle vous fera probablement comprendre qu'une première rencontre n'est pas le meilleur moment pour parler. Téléphonez-lui quelques jours plus tard et, à ce moment-là, vous pourrez projeter de vous revoir ! Prévoyez de ne faire qu'une balade ou de prendre un café ou un verre ensemble, plutôt que d'organiser une sortie en règle avec dîner et spectacle. Cette première approche donne à la délicate Vierge la possibilité de mieux vous connaître et de décider si elle doit poursuivre...

Où sortir ?

Après vous être rencontrés, avoir parlé au téléphone, avoir fait une balade ou pris un verre, vous êtes maintenant prêts pour votre premier vrai rendez-vous ! C'est le moment de vous lâcher : ne lésinez pas sur les moyens pour impressionner votre Vierge et faites le maximum afin que la soirée soit une réussite. **Renseignez-vous sur ses goûts** en matière de musique, de cuisine ou autres activités… Il n'y a rien de pire que de lire la désapprobation ou l'ennui sur le visage de la Vierge si elle n'est pas emballée par vos choix ! Elle est très douée pour les reproches : vous saurez donc immédiatement ce qui ne va pas – à temps peut-être pour rectifier le tir !

Faire le premier pas

Avec la Vierge, mieux vaut trouver le **juste moment** pour faire le premier pas ! Sa réaction ne sera favorable que si tout est parfait. Si l'instant n'est pas tout à fait bien choisi, elle vous remettra à votre place, au propre comme au figuré… Quant à pousser la Vierge à faire le premier pas, ce n'est pas la bonne solution, car elle s'engage rarement aussi vite. Ce n'est pas une bonne idée non plus de trop attendre si elle semble réceptive à vos avances ! C'est **vous** qui devrez tôt ou tard agir et **vous lancer**, en prenant le risque d'être rembarré…

À FAIRE OU À NE PAS FAIRE...

Avec la Vierge, il est plus facile de répertorier ce qu'il ne faut pas faire ! Elle est tellement perfectionniste et maniaque qu'un rien peut la contrarier. Par exemple, elle va apprécier ce que vous lui offrez, mais pas là, ni maintenant ! Étant donné que ses réactions sont assez difficiles à prévoir, même pour elle, il faut simplement que vous preniez le risque. Ce qu'elle aimerait vraiment ? Que vous soyez capable de décrypter son état d'esprit et son humeur et que vous puissiez improviser, sur-le-champ, quelque chose qui lui plaise...

Comment l'épater

La Vierge se laisse impressionner par une organisation impeccable ! Si tout est parfaitement au point, vous aurez franchi le premier obstacle. Une telle planification nécessite de faire des réservations, d'acheter des billets, de prévoir un moyen de transport confortable, de s'assurer d'une té, mais, surtout, d'avoir assez de classe c elle. Elle attend de vous que tout se rection ; si ce n'est pas le cas, son manque mpathie et de compréhension peut être stupéfiant. Il ne suffit pas que vous fassiez de votre mieux – tout doit être irréprochable. Ce type d'exigence pousse certains aux prodiges, mais risque de décourager les autres...

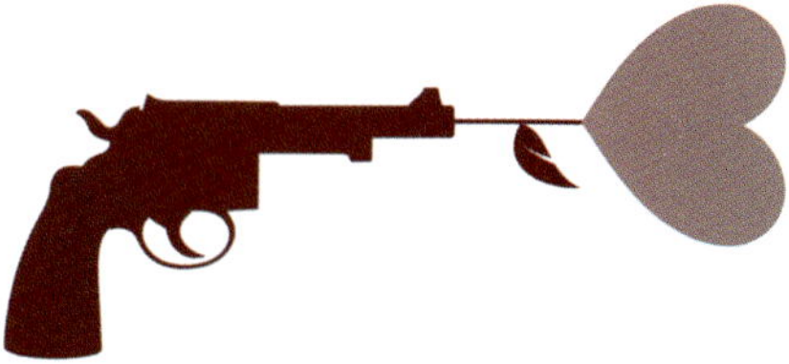

Comment s'en débarrasser

Les deux partenaires sauront, dès la fin de leur première soirée – et même souvent plus tôt –, si le courant passe... Notre Vierge est pragmatique et il est rare qu'elle poursuive avec quelqu'un qui n'est visiblement pas la bonne personne, ou *vice versa*. Inutile de chercher des excuses élaborées pour rompre avec un individu aussi lucide et logique. Le flirt Vierge ne s'offusquera pas si vous lui dites la vérité !

Le/la petit(e) ami(e) Vierge

L'avantage d'avoir un ou une petit(e) ami(e) Vierge apparaît quand il s'agit d'organiser un voyage, de faire des réservations et de prévoir l'avenir. Les calculs minutieux de la Vierge laissent peu de place à l'erreur, il faut que tout soit **tiré au cordeau**. Vous préféreriez parfois qu'elle ne soit pas si perfectionniste et laisse une marge pour des changements de dernière minute. Mais elle vous fera gagner beaucoup de temps et vous épargnera bien des ennuis. En règle générale, pour elle, la relation est plus importante que pour son partenaire, et elle fait de son mieux pour **protéger l'autre**.

Structuré
Ordonné
Organisé

POINTS FORTS

Réfléchi
Précis
Ordonné

RELATIONNEL

Discussion ou monologue ?

En toutes circonstances, la Vierge vous rappellera vos promesses et exigera que vous fassiez ce qui a été prévu… Au cours d'une discussion, si vous changez d'idée, elle verra la chose d'un fort mauvais œil. La Vierge préfère discuter de points précis plutôt que de bavarder simplement, même si elle a un faible pour les ragots et autres anecdotes croustillantes… Les échanges les plus agréables seront ceux qui la font rire ou sourire : ce sont bien les seuls moments où elle abandonne sa mine sévère et se laisse vraiment aller !

De l'intérêt de se disputer

N'espérez pas sortir vainqueur d'un affrontement avec une Vierge ! Non seulement elle démolira vos objections à grands coups de logique, mais elle restera de marbre devant tous vos efforts pour vous opposer à sa volonté ou échapper à vos responsabilités… La situation n'en est pas moins paradoxale : bien que son raisonnement soit cohérent, son comportement ne l'est pas toujours. Si on la pousse dans ses retranchements, elle dira simplement « non » en refusant d'écouter la moindre objection de bon sens. Cette curieuse combinaison de rationnel et d'irrationnel en fait un **adversaire redoutable**... enclin à ne jamais pardonner et à ne pas oublier facilement !

SON HUMOUR...

Certaines personnes affirment que la Vierge n'a **aucun** sens de l'humour... Les mêmes prétendent qu'elle est critique, tatillonne, susceptible, et que rien ne lui plaît. D'aucuns vont même jusqu'à lui refuser la moindre qualité, assurant que son **esprit négatif** finit toujours par détruire une relation amoureuse. Même si le trait est forcé, on ne peut nier que le caractère sérieux de ce partenaire l'empêche souvent de se détendre et de s'amuser vraiment. Mais ceux qui savent **comment dérider** leur Vierge n'ont, en général, pas à s'en plaindre...

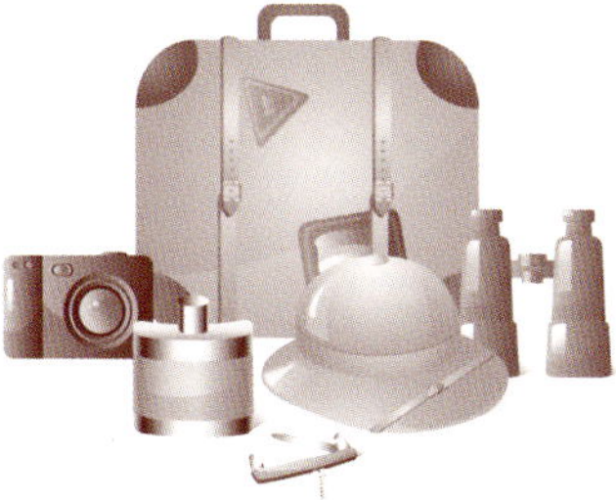

Une voyageuse organisée

Quel plaisir d'être assis dans une voiture, un avion ou un train et de savoir que tout, depuis les billets jusqu'aux rafraîchissements, a été pris en charge par votre Vierge chérie ! Quand on naît sous ce signe, on déteste être pris au dépourvu ; du coup, l'organisation devient une seconde nature. Il est rare qu'une Vierge commette de grosses bourdes, mais quand cela arrive, elle les considère comme de malheureux accidents et refuse d'en assumer la responsabilité. En voyage, elle n'est pas contre les conversations, à condition qu'elles soient intéressantes ; les bavardages oiseux risquent de l'énerver et de la rendre maussade. Elle gardera sa bonne humeur si vous l'abreuvez de rébus, énigmes et autres jeux d'esprit.

Le sexe

La Vierge la plus sage (et même la plus coincée) se lâche souvent dans l'intimité ! Elle n'hésite pas à **explorer** l'univers des perversités et aucune bizarrerie sexuelle ne la rebute. Elle peut d'ailleurs se montrer étonnamment **provocante** quand elle vous tient à sa merci, de préférence sur son terrain. Qu'une Vierge, apparemment sage, et même prude, vous saute dessus, voilà une expérience qui peut s'avérer mémorable ! Une de ses spécialités est de se déchaîner **quand et où** elle veut... Ne vous risquez pas à lui en reparler ni à la taquiner sur son comportement, car son sens de l'humour reste limité.

La tendresse et les câlins

La plupart des Vierges détestent les manifestations d'affection en public. Plus passionnée que sensuelle, la Vierge n'aime pas vraiment les caresses ni les étreintes, et **peut se dérober** à vos tentatives de bisous, même sur la joue ! Malgré sa réputation de froideur, un sourire ou un mot aimable la dégèlent quand elle est d'humeur. Tout ira beaucoup mieux entre vous si vous captez le signal lumineux rouge qui signifie : **« Garde tes distances »**...

Le/la conjoint(e) Vierge

La Vierge, même la plus indépendante, est capable de s'accommoder du mariage et de se construire un foyer. Bien que sa manie de l'ordre puisse rendre fou son/sa conjoint(e), elle s'avère assez souple en ce qui concerne le ménage des lieux où elle vit et travaille. Ces endroits paraissent parfois chaotiques, mais ils obéissent à une logique bizarre où elle est la seule à se retrouver. La Vierge travaille dur, mais pas forcément par plaisir : elle préfère souvent faire le minimum requis pour pouvoir se distraire ensuite. Elle se révèle dans les situations d'urgence et elle est là quand on a besoin d'elle.

Points forts

Fiable
Attaché au foyer
Travailleur

Relationnel

Insistant
Perspicace
Critique

Le mariage et la lune de miel

La Vierge tient à ce que tout soit parfait pour son mariage et sa lune de miel, mais elle préfère que **quelqu'un d'autre** s'en occupe ! Même si elle n'a rien contre le fait d'établir des plans ou de lister ses préférences, elle aime autant en laisser l'exécution à d'autres. Pour une fois dans sa vie, elle veut pouvoir **rester en retrait et se relaxer** ! De même, quand elle se retrouve seule avec son partenaire tout neuf, la Vierge n'a aucune envie qu'on la bouscule ; elle n'a qu'une idée : profiter de ses vacances, peut-être les premières depuis longtemps...

Le train-train quotidien

La Vierge peut se montrer extrêmement têtue en ce qui concerne ses exigences. Opposez-lui le moins de résistance possible ! Faites le maximum pour qu'elle soit, au moins temporairement, satisfaite de votre comportement. L'alternative n'est guère plaisante : si ses exigences ne sont pas remplies, attendez-vous à un déluge de critiques, de plaintes, d'invectives, ou à une froideur qui n'a d'égale que les vents glacés de l'Arctique. La Vierge est réputée difficile à contenter. Limitez vos efforts à essayer d'obéir au règlement qu'elle impose, sans poser de questions...

Est-il/elle fidèle ?

Pour une personne aux opinions aussi strictes et qui aime autant les règles, son attitude concernant l'infidélité peut apparaître étonnamment amorale. Elle ne voit aucun mal à flirter ou à avoir quelques aventures, tant que ces affaires privées restent secrètes ! En fait, notre Vierge ne considère pas que le sexe soit le plus important dans le mariage et, selon elle, le sujet ne mérite pas qu'on s'en inquiète terriblement. Quand elle est sûre de l'amour et de la dévotion de son conjoint, la Vierge est tout à fait capable d'ignorer un écart occasionnel de sa part. Mais il est rare qu'elle oublie le détail de ces infidélités, qui serviront, plus tard, d'arme contre le coupable.

Avec ses enfants

La Vierge s'occupe parfaitement de ses enfants au quotidien. Obsédée par les détails, elle tient à inspecter sa progéniture sous toutes les coutures, au mental comme au physique, pour s'assurer que tout va bien. Elle les prépare pour aller à l'école, veille sur les vêtements, les devoirs et le régime alimentaire… La Vierge s'arrange pour ne jamais les laisser seuls quand ils sont petits, mais quand ils sont plus âgés, elle est prête à leur accorder de l'indépendance – et est même soulagée de ne plus avoir à s'occuper d'eux aussi assidûment. Néanmoins, elle garde toujours un œil sur eux.

LES QUESTIONS D'ARGENT…

La Vierge a un grand talent pour les économies et les bonnes affaires ; elle est douée pour épargner et sait se débrouiller avec très peu ! Mais elle a aussi des oursins dans les poches et exige de son conjoint qu'il veille sur l'argent du ménage plutôt que de le dépenser. D'ailleurs, si le partenaire fait des frais inutiles, c'est une vraie cause de brouille et la Vierge peut aller jusqu'à cesser de lui parler, ou même refuser tout contact physique ! En général, il est naturel pour elle d'établir et de suivre un budget… et d'insister pour que vous en fassiez autant.

Le divorce

La Vierge se montre **impitoyable** en cas de divorce ! En général, elle cherche à obtenir les enfants, la maison, le compte en banque et tout ce sur quoi elle peut mettre la main. Elle considère que c'est elle qui travaille le plus dur et doit donc récupérer la plus grande partie des biens (à l'exception des dettes et des factures). Cette attitude s'accompagne souvent d'un mépris total des besoins de l'autre, qu'elle ne cherche toutefois **ni à léser ni à faire souffrir moralement**. Si elle inflige une blessure, elle n'est généralement pas intentionnelle, mais simplement due à son manque de sensibilité...

L’amant(e) Vierge

La Vierge s’angoisse facilement et on ne peut guère compter sur elle pour assurer la stabilité d’une relation romantique. L’idée de devenir dépendante de son/sa partenaire l’inquiète et cela transparaît dans ses actes. Dans la plupart des cas, les pensées négatives de la Vierge ne visent qu’elle-même, mais, parfois, elles concernent l’attitude de sa moitié ou la nature de leur relation. Quand elle est confiante, cette amoureuse laisse éclater au grand jour la beauté naturelle de ses sentiments ; son intelligence, son sens des responsabilités et ses multiples talents se révèlent alors.

Points forts

- Attirant
- Compétent
- Prévenant

Relationnel

- Secret
- Réservé
- Critique

LA rencontre

Souvent, vous entendrez parler de lui (ou d'elle), comme amant(e) potentiel(le) par un ami commun ou quelqu'un de la famille qui pense que vous devriez vous rencontrer. La Vierge aura peut-être entendu le même refrain de son côté et dressé l'oreille... Ainsi, l'attente va croître de part et d'autre avant même que vos chemins se croisent, intensifiant la force de la relation future. Les liens de chacun de vous avec la personne qui vous a présentés peuvent servir de prétexte pour vous revoir, mais aussi de liant pour cimenter votre relation, surtout au début.

Où le/la retrouver ?

Il faudra que la Vierge passe beaucoup de temps chez vous avant de s'y sentir vraiment à l'aise ! Au début, il vaut mieux qu'elle vous invite chez elle. C'est déjà un immense compliment et la marque d'un extrême intérêt.

LE SEXE...

La Vierge aime le sexe, tant que ce qui se passe entre vous reste privé et n'est jamais divulgué. Si des informations, même louangeuses, sur ses performances sexuelles revenaient à ses oreilles, elle en serait fort contrariée. De votre côté, gardez la bouche cousue sur tout ce qu'elle pourrait vous dire, surtout les confidences faites sur l'oreiller. Elle vous rendra la pareille en respectant votre intimité. Ces amours secrètes attirent généralement notre Vierge, qui trouve les aventures clandestines très excitantes. Profitez-en au maximum, mais sachez que si vous la trahissez de quelque manière que ce soit, vous risquez de provoquer une violente colère et des représailles aussi rapides que brutales.

Le seul fait de vous laisser entrer est non seulement un signe de confiance, mais aussi la preuve qu'elle tient à vous connaître mieux. Respectez scrupuleusement son intimité ; n'allez pas tripoter ses objets, fouiller dans ses livres, ses papiers ou son réfrigérateur quand elle est absente ou qu'elle n'est pas dans la pièce.

Les sorties à deux

Quand vous sortez, souvenez-vous qu'il faut à la Vierge de la qualité, que ce soit au restaurant, au spectacle ou dans les moyens de transport ! Elle adore que vous lui accordiez toute votre attention quand vous êtes en sa compagnie. Pour les soirées en tête à tête, elle raffole aussi des jeux d'esprit, casse-tête et autres énigmes, et apprécie les conversations intéressantes. L'inventivité en matière d'ébats amoureux et de débats intellectuels la séduit tout particulièrement. N'essayez pas de percer directement son mystère, montrez-lui plutôt qu'elle vous fascine en manifestant votre curiosité de manière subtile...

Comment le/la retenir ?

Si vous manifestez de la constance dans vos rapports avec la Vierge, une fois que la relation est bien établie, elle restera avec vous. Les raisons de rompre viennent souvent de ce que l'intensité des sentiments diminue avec le temps. Par ailleurs, si la Vierge était déjà mariée ou engagée dans une relation stable quand elle vous a rencontré, attendez-vous, une fois son **caprice assouvi**, à ce qu'elle retourne à son ancien partenaire, en vous laissant choir. Avec le recul, il peut sembler que la Vierge était plus attirée par l'aventure même que par votre personne en particulier...

Une rupture sur mesure

Le plus souvent, c'est la Vierge qui prend l'initiative de la rupture quand la relation a perdu toute **utilité**... La chose peut sembler un peu brutale, mais, en général, les aventures avec elle reposent sur des considérations assez pragmatiques. La Vierge n'est pas seulement réaliste, elle est aussi honnête. Si c'est vous qui choisissez de rompre, elle acceptera sans doute votre décision sans combat, sachant qu'un autre amour l'attend probablement au coin de la rue. La rupture se fait toujours mieux face à face, **de façon franche**, en évitant tromperie et faux-semblant.

L'ex Vierge

La Vierge manifeste rarement de l'enthousiasme à l'idée de rester en relation avec son/sa précédent(e) partenaire. Souvent, elle est pleine de **sentiments négatifs** à son égard et préfère rompre carrément avec le passé. Très douée en matière de lois et d'avocats, elle entreprendra toutes les actions nécessaires pour s'assurer de justes compensations ou pour avoir la garde des enfants en cas de litige. Avec son ex, la Vierge préfère que les choses soient claires, **sans étalage d'émotion**. Il lui arrive pourtant de s'énerver et de piquer des colères, surtout si elle se sent flouée ou lésée.

+

Lucide
Décidé
Clair

POINTS FORTS

Froid
Objectif
Détaché

RELATIONNEL

Amis ou ennemis ?

N'espérez pas rester très proche de votre ex Vierge ! Tenter d'établir un nouveau lien affectif avec elle est généralement, dès le départ, voué à l'échec. « Chat échaudé craint l'eau froide », voilà un proverbe qui résume assez bien son attitude en la matière. Ce que vous avez de mieux à espérer, c'est la compréhension de vos positions respectives, le respect mutuel, la disparition du ressentiment et l'arrêt des hostilités. Évitez tout contact physique. Votre Vierge peut devenir très désagréable si vous essayez de lui faire du charme ou d'en appeler à ses émotions. En jouant sur les sentiments passés, vous ne provoquerez que rancœur et reproches...

Parler du passé

Réfléchissez bien avant de vous engager dans cette voie ! Vous ne pourrez discuter des problèmes passés que si vous êtes prêt à **analyser, écouter et comprendre** le point de vue de la Vierge. Si vous montrez le moindre signe de colère ou d'une quelconque émotion violente, attendez-vous à ce qu'elle tourne les talons et disparaisse. Et si la Vierge commence à discuter du passé avec vous, elle voudra probablement poursuivre jusqu'à ce que la question soit épuisée complètement et, généralement, dans la douleur. Tel un chien rongeant son os, elle **ne lâchera pas le sujet** facilement, y revenant pendant des jours, des semaines, voire des mois...

Partager la garde des enfants

La Vierge est un être de **structures**. Elle se sent plus à l'aise dès que le droit de visite ou la garde alternée sont établis clairement ! En général, il n'y a place pour aucune flexibilité, même si les enfants en font la demande pour une occasion particulière. Qui plus est, l'ex Vierge fait le plus souvent montre d'une obstination à toute épreuve pour obtenir le respect des dispositions légales. Si vous manifestez une quelconque émotion, vous ne réussirez probablement qu'à l'énerver. Exercez-vous à **dissimuler vos sentiments**, depuis l'empathie jusqu'à l'explosion de joie ou de colère. Les affects positifs ou négatifs sont susceptibles de provoquer la même réprobation...

LUI EXPRIMER VOTRE AFFECTION...

Évitez au maximum ce type de manifestation ! Même si cela doit prendre un ou deux ans, mieux vaut attendre que votre ex Vierge fasse les **premiers pas** pour exprimer son affection. Soyez attentif au plus léger sourire, à un contact de la main, mais, surtout, ne réagissez pas avec excès à ce genre d'ouverture. Il serait même plus prudent de les ignorer. La meilleure approche consiste sans doute à manifester votre affection par écrit pour commencer, sans imposer votre présence physique...

Se remettre ensemble

Cette éventualité n'est envisageable qu'après une longue **période de reconstruction** du respect et de la confiance ! Ne soyez pas surpris si, avant même de vous laisser discuter, elle vous demande l'assurance verbale et écrite d'être traitée correctement. Soyez prêt à mettre sentiments et fierté de côté et à reconnaître que vous avez **commis des fautes** par le passé et que vous êtes prêt à changer. De toute façon, la Vierge n'est pas le moins du monde disposée à croire aux promesses, sauf si elles sont étayées par des actes...

En Famille

Le parent Vierge

Ce parent aime édicter des règles pour protéger et défendre ses enfants. Il veut structurer chaque aspect de leur existence pour leur épargner tout chagrin ou malheur. Ce contrôle n'est pas toujours du goût de sa progéniture qui, en grandissant, veut plus d'indépendance. Le parent Vierge provoque souvent la rébellion de ses enfants en refusant d'accéder à leur désir de liberté et en exigeant une obéissance absolue, au moins tant qu'ils sont mineurs. Filles et fils seront bien inspirés de ne pas s'y opposer ouvertement et de rester discrets sur leurs désirs et leurs activités…

+

Protecteur
Bienveillant
Aimant

POINTS FORTS

Strict
Conventionnel
Fermé

RELATIONNEL

Fais pas ci, fais pas ça : la discipline

Comme il interdit strictement certaines activités, le parent Vierge est obligé de recourir à la **discipline** et à des punitions si les règles ne sont pas respectées. Normalement, il lui suffit de gronder. Mais ce parent est assez intelligent pour récompenser aussi l'obéissance, surtout quand un résultat positif résulte du respect de ses conseils ou de ses instructions ! En général, il cherche à établir un **sentiment de solidarité** avec ses rejetons, afin qu'ils soient fiers de partager les valeurs familiales. Le parent Vierge n'est heureux que si ses enfants le considèrent aussi comme un ami.

Les situations de crise...

La Vierge est dotée d'un **système nerveux ultrasensible**. Elle risque donc de réagir de façon excessive à certaines situations, créant un drame là où il n'y en a pas. Des enfants un peu raisonnables évitent d'exposer leur père ou leur mère à de telles angoisses et se sortent d'affaire par

EST-IL AFFECTUEUX ?

Le parent Vierge n'est pas toujours très expansif, mais il exprime ses sentiments par de **petites attentions**. Les enfants qui sont proches d'un parent Vierge reconnaissent et adorent ces signes ! Même la Vierge la plus stricte a un côté tendre qui transparaît de temps à autre. Mais si les chers petits veulent manifester leur affection en public, ce parent risque fort de repousser leurs démonstrations, quitte à les apprécier plus tard, dans l'intimité. Il est curieux qu'un être aussi pragmatique que la Vierge dispense sa tendresse sporadiquement, **sans aucune raison**, et sans en faire une marque de faveur...

eux-mêmes. Toutefois, en cas de réelle urgence, la Vierge garde généralement son calme et agit avec efficacité pour rétablir la situation. D'un naturel anxieux, elle a parfois du mal à ne pas s'inquiéter pour la sécurité de ses chers petits. Elle risque même, sans le vouloir, de provoquer de minicatastrophes au lieu de les empêcher. Le parent Vierge devrait savoir que la crainte peut agir psychologiquement et attirer le danger qu'on cherche à éviter.

Les questions d'argent

La Vierge se montre très stricte en ce qui concerne l'argent qu'elle donne à ses enfants, pas seulement par souci d'économie, mais surtout parce qu'elle veut leur inculquer de bonnes habitudes ! Elle leur alloue un peu d'argent de poche et garde un œil sur la manière dont ils le dépensent. Si l'un des gamins a une envie particulière, le parent Vierge insiste pour qu'il économise et paye avec son argent, qu'il a souvent gagné en faisant du baby-sitting. S'il s'agit d'une chose vraiment chère, il l'aide en lui confiant une tâche qu'il rétribue.

Les vacances et les réunions de famille

Le parent Vierge organise vacances ou réunions de famille dans les **moindres détails** ! Les enfants apprécient de n'avoir rien à faire par eux-mêmes, mais en même temps, ils rêvent du plaisir de l'imprévu. Ils finissent par trouver que cette planification excessive rend les choses un peu routinières... Malheureusement, la Vierge a tendance à toujours répéter le même scénario sans surprise, qui devient lassant à la longue. Elle aime **les traditions et les rituels** ; le cadre familial ne fait qu'accentuer le côté conservateur de son caractère.

Le parent Vierge âgé

En vieillissant, le parent Vierge devient de plus en plus exigeant ! Il est difficile de s'en occuper en tenant compte à la fois de ce qu'il aime et n'aime pas. La Vierge âgée **aime se plaindre** ; elle exprime ses besoins, raconte ses problèmes et ses contrariétés plutôt que de se morfondre... Le meilleur moyen pour garder la situation en main est encore de se fier au simple bon sens.

Le frère ou la sœur Vierge

Ne prenez pas la tranquillité de cette Vierge pour de la faiblesse ! Généralement, cet être se sent assez sûr de sa force pour ne pas avoir besoin d'attirer inutilement l'attention sur lui. Il s'occupe de ses affaires sans jamais demander aucune aide, à moins d'y être vraiment obligé. Il sait parfaitement trouver sa place dans la fratrie ; l'aîné est sûr de lui, le cadet plus souple, le benjamin est gentil et souvent même adorable. Très fidèle à sa famille, il soutient ses frères et sœurs contre vents et marées.

Points forts

- Adaptable
- Prêt à aider
- Solidaire

Relationnel

- Serviable
- Amical
- Réservé

Rivalité ou atomes crochus ?

L'enfant de ce signe s'accommode généralement bien de sa place dans la famille. Il n'a pas besoin de s'engager dans des rivalités sans fin avec les autres membres de la fratrie pour s'affirmer ou asseoir sa position ! Ses bonnes dispositions le poussent à mettre toute son énergie au service des siens, sans jamais se plaindre ni chercher de reconnaissance. Sa récompense réside dans l'aide qu'il donne et, dans ce domaine, il est particulièrement désintéressé. Malgré tout, il est sensible à la gratitude et il peut en demander sa juste part en retour de ses efforts. Bien que la Vierge se sente proche de ses frères et sœurs, elle est souvent parmi les premiers à quitter le nid pour vivre sa vie.

Enterrer la hache de guerre

Quand une Vierge est brouillée avec sa famille, toute réconciliation est improbable ! Dès que son parti est pris, elle adopte une attitude distante et impénétrable qu'il est difficile, sinon impossible, de percer. Même quand le temps a passé, il faut énormément de patience pour renouer des relations. On peut cependant y arriver, petit à petit, après des mois, voire des années, d'approche délicate. Il n'est pas inutile de faire des excuses, mais mieux vaut encore tendre le rameau d'olivier. Encourager les deux parties à mettre un terme à leurs querelles peut s'avérer efficace aussi. Dès que la Vierge revient au bercail, elle le fait complètement et sans réserve.

Les questions d'argent

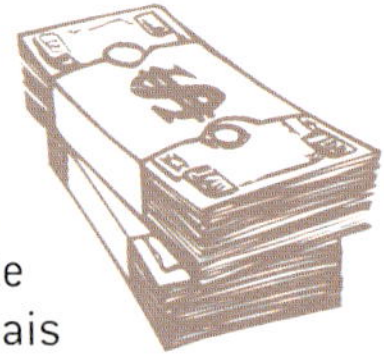

La Vierge se montre particulièrement pointilleuse sur les questions d'argent, surtout en matière d'**héritage** ! Elle insiste pour que chacun reçoive son dû, mais elle veut recevoir sa juste part. Si elle est chargée d'administrer le patrimoine familial, elle exige une gratification correcte en contrepartie. La Vierge n'aime pas trop **emprunter ni prêter** de l'argent. Pourtant, s'il s'agit d'une question vitale, souvent en rapport avec son noyau familial, elle n'hésite pas à en réclamer ou même à chercher des moyens légaux pour casser un testament.

Les réunions de famille

La Vierge est réputée pour son **sens du devoir** ! On peut compter sur elle pour s'investir dans la préparation des réunions de famille. Elle aime particulièrement les **retrouvailles** de parents qui ne se sont pas vus depuis longtemps. En cette occasion, ses talents d'organisatrice font merveille. Souvent, elle fait venir tout le monde chez elle et réussit à trouver miraculeusement pour chacun un coin où dormir et poser ses bagages. S'il s'agit de membres de la famille plus âgés, comme les parents, des oncles et des tantes, elle est même prête à **céder son propre lit** et à coucher sur un matelas par terre pendant une nuit ou deux...

LE POIDS DU PASSÉ...

Notre Vierge sait se montrer **impitoyable quand elle se sent lésée** ! D'un tempérament acerbe et vindicatif, elle peut s'attaquer à toute sa fratrie avec une rare violence. Tant que les abcès ne sont pas vidés, tout le monde vit dans la tourmente ! Ce que la Vierge exige avant tout, c'est la **justice** qui, de son point de vue, doit être la même pour tous. Dès que l'injustice pointe sa hideuse tête, notre chevalier sort son glaive pour l'abattre. Ses châtiments vont de la froideur au silence, en passant par le mépris, mais elle peut aussi aller jusqu'à la violence physique...

Les vacances

En matière de déplacements, la Vierge **déteste l'imprévu** ! Elle sait très bien que certains de ses frères ou sœurs ont des goûts qui ne correspondent pas du tout aux siens. Dès le départ, elle préviendra clairement qu'elle ne souhaite pas être de la partie si de telles orientations sont prises. Et elle se démènera pour que les choses soient **faites à sa façon**... Son potentiel d'irritabilité est élevé, mais ses exigences personnelles sont plutôt raisonnables et assez classiques. Elle refuse tout simplement de courir le risque que ses vacances soient gâchées par des imprévus ou des comportements excentriques ou gênants !

L'enfant Vierge

Année après année, le consciencieux enfant Vierge coopère, sans jamais se plaindre ! Mais s'il se sent sous-estimé ou carrément ignoré, son ressentiment s'accumule, pour exploser tôt ou tard. Accordez-lui de l'attention et montrez de la gratitude pour ses services. Bien que la petite Vierge puisse être un modèle de sagesse, elle peut aussi se montrer très critique envers ses parents, et raisonneuse. Elle exige souvent que ces derniers respectent leur parole, car elle prend tout au pied de la lettre. Les parents d'un enfant Vierge apprennent très vite qu'ils ne doivent pas faire de promesses à la légère !

+

Consciencieux
Coopératif
Obéissant

POINTS FORTS

Réservé
Vigilant
Prudent

RELATIONNEL

Laissez-le grandir !

Quand la petite Vierge grandit, les changements ne sont ni très rapides ni très visibles ! Le cœur de sa personnalité reste identique, même si ses centres d'intérêt et ses activités se modifient beaucoup. Son apparence risque aussi de passer par des transformations extrêmes. Dès son plus jeune âge, la Vierge se forme des convictions arrêtées, qu'elle n'abandonnera pour rien au monde. Son attitude morale est intransigeante. Peu d'enfants désapprouvent, comme elle, des comportements qu'elle juge inéquitables. Elle est tout simplement incapable de tolérer, sans protester violemment, que ses parents se montrent injustes envers un de ses frères ou sœurs, ses amis, ou même ses animaux familiers...

Ses centres d'intérêt

Plus cet enfant grandit, plus ses hobbies deviennent importants à ses yeux ! Qu'il soit collectionneur ou passionné de jeux vidéo, de sport, de mode ou de cinéma, il consacre souvent plus d'énergie à sa passion qu'à son travail scolaire. Cela dit, la Vierge fait généralement de bonnes études. Ses dons d'organisation lui permettent de passer dans la classe supérieure, souvent avec d'excellentes notes. L'enfant Vierge se dirige souvent vers des carrières de services telles que la santé, le travail social, l'enseignement ou l'édition. Il est aussi très doué pour gagner beaucoup d'argent et sait comment l'investir. Il peut donc devenir un excellent banquier, un bon agent de change ou entrer dans les affaires...

L'AUTORITÉ : JUSQU'OÙ ALLER ?

En général, il n'est pas nécessaire d'user de discipline avec une petite Vierge : elle est très consciente de ce qui est permis ou non ! En cas de désobéissance manifeste, elle plaide rarement l'ignorance, ni ne cherche d'excuses. Quand elle enfreint les règles, c'est en toute connaissance de cause, et elle en admet les conséquences. Si punition il y a, elle l'acceptera sans se plaindre. En revanche, si un châtiment abusif ou inutile est appliqué à un autre, elle protège le malheureux puni injustement - frère, sœur ou ami - avec la dernière énergie !

Les démonstrations d'affection

Même si l'affection n'est pas de la première importance pour cet enfant, il y est extrêmement sensible. Quand quelqu'un de la famille lui exprime sa tendresse par un câlin ou un mot gentil, il fond littéralement. La petite Vierge, assez peu démonstrative de nature, adore avoir des **animaux familiers** ; avec eux, elle déborde d'affection, et il ne se passe pas un jour sans qu'elle les couvre de caresses. Elle a souvent un favori parmi ses parents ou dans sa fratrie et c'est avec lui qu'elle partage tout. Évidemment, cette préférence n'est pas sans provoquer des jalousies familiales, parfois extrêmement violentes.

Avec ses frères et sœurs

Si ses parents et les autres membres de la fratrie se comportent avec **équité**, l'enfant Vierge ne pose aucun problème. En cas d'injustice, en revanche, il refuse tout simplement de se soumettre et les difficultés persistent jusqu'à ce que le mal soit réparé ! Inutile de lui rappeler ses devoirs et ses obligations, ni de l'obliger à les remplir : en général, c'est lui qui s'en souvient, presque comme un adulte. Il n'oublie jamais les vacances ni les anniversaires, ni aucune occasion particulière et, à chaque fois, il prend l'initiative de rassembler tout son monde. Il est spécialement doué pour **réveiller l'enthousiasme** des membres de la famille paresseux ou peu enclins à participer aux activités...

Petite Vierge devenue grande

Dès son plus jeune âge, la petite Vierge a une attitude si **mature** qu'elle paraît déjà vieille ! Dans ce cas, il y aura peu de différences entre les versions enfant et adulte de cette personne. On peut se hasarder à avancer qu'en grandissant, elle devient juste un tout petit peu plus adulte... La raison de cette maturité est sans doute à chercher dans le **sérieux** de ce petit individu, une qualité qui persiste et va même en augmentant avec l'âge. C'est pourquoi il est très important que la Vierge adulte **s'amuse** et se laisse aller de temps en temps... L'enfant Vierge devenu adulte aime énormément ses amis et les membres de sa famille, et il adore passer de bons moments avec eux.

En Société

Ami(e)

Colocataire

Relations

L'ami(e) Vierge

L'ami(e) Vierge peut se montrer extrêmement efficace et être d'un **grand secours**. Il/elle semble savoir exactement quand vous avez besoin de lui/d'elle. Si vous vous êtes perdus de vue depuis un certain temps, il/elle surgit souvent **juste au bon moment**. Bien que la Vierge soit généralement exigeante, en tant qu'amie, elle a beaucoup de mal à réclamer de l'aide. Ses demandes sont peu fréquentes, mais quand elles finissent par venir, il faut les prendre au sérieux. Elle n'a pas besoin de rester continuellement en relation avec ses amis. Il suffit que vous l'appeliez ou lui envoyiez un courriel de temps à autre.

+

Dévoué
Serviable
Constant

POINTS FORTS

Critique
Attentionné
Impliqué

RELATIONNEL

Lui demander conseil

Un ami Vierge est de très bon conseil : il pense avec logique et est capable d'anticiper les problèmes qui risquent de surgir. Mais il voudra savoir, plus tard, si vous avez suivi ses précieux avis ! Si vous ne l'avez pas écouté, il choisira peut-être de ne plus vous proposer son aide. La Vierge a tendance à se montrer à la fois critique et prompte dans ses jugements. Aurez-vous envie que votre comportement soit passé au crible après avoir écouté ses conseils ? Réfléchissez-y à deux fois avant de la solliciter ou d'accepter ses propositions, car cela risque de sonner le glas d'une belle amitié...

Si vous avez besoin de lui/d'elle...

La Vierge ne prodigue son aide que dans certaines circonstances – quand tout va bien dans sa vie et qu'elle se sent prête à le faire. Elle se noie si souvent dans ses problèmes qu'elle n'a pas toujours la stabilité émotionnelle nécessaire pour s'aider elle-même. Avec ses systèmes nerveux et digestif si sensibles, la Vierge se trouve souvent dans un état de malaise ou, tout au moins, de légère anxiété. Assurez-vous de sa **bonne condition** physique, mentale et émotionnelle, avant de lui demander de vous aider. Si elle va suffisamment bien, n'hésitez pas !

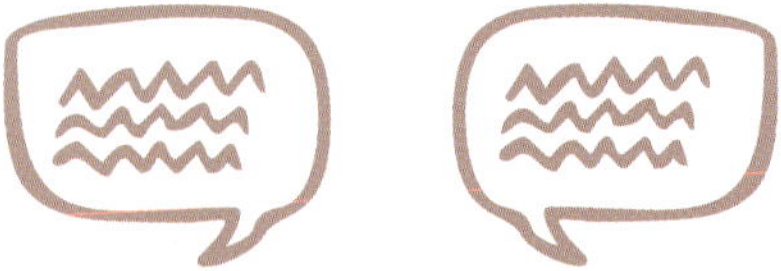

Rester en contact

Avec la Vierge, la communication est, en apparence, franche et directe, mais d'autres enjeux peuvent se dissimuler sous la surface. Sa conversation joue souvent sur plusieurs niveaux à la fois. Après certains échanges, vous aurez envie de vous repasser la bande pour essayer de **lire entre les lignes** ! En général, ce qui compte pour une Vierge n'est pas la fréquence de la communication, mais sa **continuité**. Si vous prenez peu à peu l'habitude de vous parler toutes les semaines ou tous les mois, elle attendra de vous que vous **respectiez ce rythme**. Le plus souvent, une bonne soirée passée ensemble ou une longue conversation téléphonique lui suffiront pour un moment.

LUI EMPRUNTER DE L'ARGENT...

Pour beaucoup de Vierges, il existe une loi non écrite qui stipule : « Si je ne t'emprunte pas d'argent, ne m'en emprunte pas non plus. » Si vous approchez pour un emprunt un ami Vierge qui ne vous a jamais rien demandé, vous risquez d'être accueilli froidement ! Le fait qu'il ait de l'argent ou non à ce moment précis n'est pas un facteur déterminant dans sa décision. Il veut savoir ce que vous allez faire de ces fonds, si c'est une bonne idée de les dépenser, comment et quand vous allez le rembourser... Dans ces conditions, vous préférerez peut-être trouver de l'argent ailleurs !

Les rencontres : où et quand ?

Laissez votre ami Vierge choisir l'heure et le lieu si cela n'est pas d'une importance primordiale pour vous... Tout est si compliqué tant qu'il ne sait pas s'il veut faire les choses de telle ou telle manière ! N'essayez pas de l'obliger à prendre des arrangements qui visiblement lui déplaisent. Cela ne ferait qu'envenimer la situation – et risquerait même de finir en catastrophe – et exigerait, de part et d'autre, une longue période de récupération...

Faire la fête

L'ami Vierge est un organisateur hors pair, mais on ne peut jamais savoir s'il sera de bonne humeur et en forme le jour J ! Il lui arrive de s'investir à fond dans la préparation d'un événement et de souffrir d'une épouvantable migraine ou de maux d'estomac qui l'empêchent d'y prendre part... À vrai dire, les grandes réunions ne sont pas son fort, et il aime mieux rencontrer les gens en tête à tête ou en petit comité. Si vous avez besoin qu'il vous accompagne ou vous serve de garde du corps, il remplira ce rôle à merveille...

Le/la colocataire Vierge

Le/la colocataire Vierge ne cherche pas à jouer le rôle dominant dans la vie de tous les jours, mais ses exigences de base sont assez strictes pour que sa présence s'impose avec force. La Vierge ne peut pas s'effacer, elle est convaincue d'être là pour contribuer à l'**équilibre domestique**. Elle n'est pas du genre à semer le chaos ou la rébellion ouverte, mais si on la contrarie ou qu'on l'ignore trop souvent, elle campe sur ses positions et refuse d'en bouger. Elle peut se montrer **impitoyable** envers son ou sa colocataire et laisse rarement – voire jamais – passer le moindre affront, aussi minime soit-il !

Points forts

+ Stable
+ Consciencieux
+ Ordonné

Relationnel

- Déterminé
- Responsable
- Logique

Les questions d'argent

La Vierge n'est pas réputée pour sa **générosité** ! Elle est prête à tenir ses engagements, mais elle peut très bien refuser de payer un centime de plus que ce qui a été prévu. Elle ne fera pas de cadeau au colocataire qui ne peut pas remplir ses obligations, et n'hésitera pas à se répandre en accusations et autres invectives... L'attitude **inflexible** de notre Vierge concernant les questions d'argent garantit que le loyer, le téléphone et autres factures inévitables seront toujours réglés à temps. En revanche, quand il s'agit de la nourriture et du superflu, elle peut exiger que son ou ses colocataires fassent attention et ne dépensent pas trop.

Qui passe l'aspirateur ?

Malgré sa réputation de maniaque de la propreté, la Vierge se révèle aussi **désordonnée** que tout un chacun... Mais elle nettoiera tout, et souvent en un clin d'œil. Cela ne veut pas dire qu'elle nettoiera aussi vos saletés ! Fréquemment, une frontière très nette montre où elle s'est arrêtée. Elle n'aime pas harceler les autres pour qu'ils fassent le ménage ; elle donnera plutôt un ordre lapidaire pour signaler le déclenchement des opérations. Mais où réside la véritable vertu ménagère de la Vierge ? Elle pense qu'il y a une place pour chaque chose et que chaque chose devrait, autant que possible, être à sa place quand on ne s'en sert pas...

Le meilleur hôte de l'année ?

La Vierge regarde souvent d'un œil inquiet vos invités, qu'elle voit comme de potentiels fauteurs de désordre : après leur départ, elle devra ranger ! Elle peut se montrer extrêmement généreuse et accueillante à l'égard de membres de sa famille ou d'amis venus passer quelques jours. Mais, en règle générale, elle déteste qu'on s'incruste et s'énerve quand les hôtes commencent à prendre leurs aises. La Vierge n'a aucun scrupule à demander une contribution financière pour la nourriture quand une visite s'éternise...

Si vous organisez une fête chez vous, la Vierge n'a rien

contre le fait de se laisser aller. Elle peut se montrer aussi **déchaînée et provocante** que les invités, et même plus ! Toutefois, une fois l'excitation retombée, son sens de l'ordre reprend immédiatement le dessus. Elle commence à remettre en place, ranger et conduire les hôtes vers la porte avec délicatesse. Souvent, notre Vierge prend en charge, avec succès, toute l'organisation de la fête sans attendre le moindre remerciement.

ABORDER LES QUESTIONS QUI FÂCHENT...

La Vierge est persuadée que tout problème a sa solution, tant que la conversation reste calme, rationnelle et se concentre sur les questions principales. Quant aux points particuliers, elle les aborde volontiers si vous y avez réfléchi et avez pris son avis en considération ! Ne l'attrapez pas à l'improviste pour **discuter entre deux portes**. Elle préfère que vous preniez rendez-vous de manière à pouvoir bien réfléchir au problème et, surtout, rassembler ses idées pour se préparer à débattre tranquillement. La Vierge croit dur comme fer qu'à tout problème existe une **solution logique** et de bon sens...

Le respect de l'intimité

Extrêmement réservée et secrète, la Vierge exige que son espace personnel soit inviolable, mais elle se montre tout à fait prête à partager équitablement les pièces communes – salon, salle de bain et cuisine. Sauf en cas d'incendie, il est absolument interdit de pénétrer dans sa chambre et elle demande toujours qu'on l'appelle ou qu'on frappe à la porte (mais par pitié, pas trop souvent !). Quand elle utilise l'accès Internet de l'ordinateur commun ou le téléphone, elle déteste qu'on regarde par-dessus son épaule ou qu'on l'écoute. Il faut lui laisser le maximum d'intimité le matin de bonne heure, tard le soir et, bien sûr, entre les deux...

Sixième sur la roue du zodiaque, la Vierge est directement opposée au Poissons et correspond à la constellation éponyme, laquelle ergote et chicane derrière le Soleil à cette époque de l'année.

Côté face cachée du zodiaque, les natifs de la Vierge souffrent de rétention anale, d'une propension à l'hypercritique et à la mauvaise humeur, d'une obsession pour une parfaite hygiène et d'un fétichisme tatillon pour le détail.

VIERGE

sa face cachée,
ses défauts...

HABITUDES AGAÇANTES

> Ponctualité

La Vierge n'est absolument jamais en retard. Ni en avance. Elle est toujours à l'heure exacte. Ce n'est pas compliqué : si on lui laissait régir la planète, elle veillerait à ce que le DEL (Délibérément En Retard) soit classé au rang de crime contre l'humanité.

> Dentifrice

Le placard de salle de bains de la Vierge, dont le verrouillage est commandé par minuteur, contient, 3 x 365 brosses à dents jetables en sachet individuel, chacune chargée de la dose précise de dentifrice nécessaire à un bon nettoyage. Personne d'autre qu'elle n'en a la clef.

> Colèromètre

Cette jauge ne fonctionne pas pour la Vierge, car elle maintient à un niveau constant le niveau de rage intérieure avec laquelle elle est née. Bien qu'elle soit susceptible d'atteindre le bouillant en un instant si l'on perturbe ses plans, elle ne retombe jamais au glacial.

Personnalité

Revêchisme, tatillonnisme, perfectionnisme

La Vierge est connue pour dire les choses franchement, mais est-elle capable de les encaisser aussi directement ? Les astrologues de l'endroit du zodiaque prétendent que, handicapée par son perfectionnisme chronique, elle est aussi intransigeante avec elle-même qu'avec les autres, mais seulement à l'intérieur, là où on ne voit rien. Petit test : « Tous les natifs de la Vierge sont des chieurs négatifs au cœur sec, obnubilés par le détail, qui ne font rien qu'à ergoter et à critiquer. » Que répond une Vierge à ça ? Eh bien, elle ergote et elle critique – comme d'habitude.

La Vierge lâche les rênes à sa méchante langue en soutenant que : a) ses semblables sont loyaux, bosseurs et gentils (contrairement aux autres signes solaires), et que : b) la critique n'est-elle pas constructive ? Elle affirme aussi refuser la prison de l'hypocrisie ambiante. Hé ! Où sont passés ses légendaires talents d'analyse qu'elle applique à tout sauf à sa petite personne ? Ne voit-elle pas l'évidente contradiction logique de son

SES PÉCHÉS CAPITAUX PRÉFÉRÉS

Inutile que la Vierge baisse les yeux avec modestie, qu'elle se dandine et fasse comme si elle ne savait pas de quoi il est question. Oh ! Le mot « péché » est si vilain qu'il ne saurait franchir ses lèvres, encore moins lui traverser l'esprit ! La Vierge est la Mary Poppins du zodiaque (celle du livre, l'heureuse, pas la sucrée du film) : contente d'elle jusqu'à l'intolérable, mais d'une cruauté sans égal envers les autres. Son péché est la **Vanité**, l'aspect plus chouette de l'Orgueil. Par ailleurs, elle manipule habilement la **Gourmandise**, l'inversant afin de la transformer en petit péché confortable et anonyme qui consiste à ôter goulûment tous ses plaisirs et saveurs à la nourriture.

point b ? Nous arrêterions bien là notre plaidoyer, mais voici qu'elle ouvre une nouvelle ligne de défense en soutenant avoir un sens de l'humour particulier. Désolé, personne n'est dupe.

Lorsque la Vierge **part en croisade** contre la susmentionnée hypocrisie, ses premières victimes sont la diplomatie, le tact et les élémentaires bonnes manières. Pour peu qu'on lui pose une simple question appelant la réponse non (exemple : tu es sûr que cette robe ne me fait pas un gros cul ?), non seulement elle balance : « ben si, mon bout de lard ! », et elle en rajoute en justifiant aimablement ses propos par l'estimation de l'ampleur du derrière concerné en comparaison des normes standard. Après quelques échanges meurtriers de ce genre, les autres tendent à rarement lui demander son avis. Ce qui ne l'empêche pas de le donner.

La Vierge n'a jamais tort. Pas comme le Lion, cependant (qui a toujours raison, point barre). Non, en ce qui la concerne, elle craint l'existence d'une possibilité secrète qu'elle se trompe, sauf qu'elle préfère tuer son prochain plutôt que de l'admettre, parce qu'**elle déteste la faiblesse**. Ce qui, entre autres choses, implique que sa première impression est toujours gravée dans le marbre. Si elle avait rencontré l'Étrangleur de Boston dans un de ses bons jours, la Vierge aurait maintenu envers et contre tout que c'était un bon gars jusqu'à ce qu'on branche la chaise électrique ; en revanche, si elle était partie du mauvais pied avec, par exemple, saint François d'Assise, elle aurait soutenu avec rancœur et acharnement que ce sale type n'était rien d'autre qu'un violeur de hérissons.

Peut-être parce que personne ne lui adresse la parole et qu'elle passe beaucoup de temps seule avec elle-même, la Vierge est **obsédée par sa santé**. À en juger par le nombre de bidons d'eau de Javel et de cartons contenant des gants en caoutchouc qu'elle vide annuellement, il est ahurissant de constater la foultitude de maladies qu'elle attrape (elles sont toutes listées dans l'exemplaire du *Grand Livre des affections que vous pourriez avoir*, posé en permanence sur sa table de chevet). Il n'existe pas de thérapie qu'elle n'ait essayée, sauf, peut-être, la médecine moderne – parce qu'elle la soupçonne d'être à même de la guérir, auquel cas, que deviendrait-elle, hein ? La Vierge adore également les sectes (on l'a reprogrammée six fois), les gourous de pacotille (où est passé tout son argent ?) et les régimes à la mode (elle est allergique à tout, sauf au polystyrène).

Qui plus est, **la Vierge est dénuée de grandeur d'âme**. Qu'on lui donne un moment d'une beauté sublime, et elle le démolit net à coup de remarques triviales. Elle ne voit pas l'arc-en-ciel, trop inquiète de savoir qui a emprunté son parapluie.

LANGUE-DE-VIPÈROMÈTRE

18/20. Pas tout à fait à la hauteur du Gémeaux, mais digne d'une jolie **médaille d'argent**. La méchanceté premier cru de la Vierge est gâchée par sa maladresse en gros sabots. Même une teigne un peu attardée ne manque pas de comprendre où elle veut en venir et est capable de l'assommer, surtout si elle est Bélier. Le truc, en matière de vacheries, c'est de latter puis de se sauver. La Vierge, elle s'attarde systématiquement afin de s'assurer que le coup a bien porté.

PHÉNOMÈNE DE MASSE

Motion aux non-Vierges. Si par quelque étrange hasard zodiacal, vous avez le malheur de vous retrouver dans un pressing bondé de cette triste engeance (Attention ! Vos sous-vêtements sont-ils propres ?), que les vapeurs de Javel vous brûlent les muqueuses, et que vous plissez les yeux tandis que l'assistance s'échauffe à propos de clauses sujettes à contentieux, c'est que vous êtes au beau milieu d'un ergotage virginal typique. Prenez l'air affairé.

La faute à sa planète

La bonne à tout faire des dieux

La Vierge consacre sa lune de miel à nettoyer les toilettes du palace dix-étoiles dans lequel elle est descendue afin qu'elles répondent à ses **standards hygiéniques** ; des amis l'invitent chez eux à écouter leurs albums préférés ? Elle passe trois heures à ranger leur collection de CD selon un système bien à elle et d'une complexité impénétrable (mêlant ordre alphabétique, chronologique, bio-rythmique et codes couleur). En sa présence, les gens ne se gênent pas pour parler de comportement obsessif-compulsif. Est-ce sa faute si la Vierge est le seul signe de ce fichu zodiaque à avoir une idée de ce qu'est l'ordre ? Pas tout à fait : qu'elle s'en prenne à sa planète – Mercure pour ce qui la concerne, petite mais propre, toute proche du Soleil.

Que la Vierge doive la partager avec le Gémeaux est un véritable scandale zodiacal. Toutefois, elle n'est pas du genre à se plaindre et elle n'a jamais piqué de crise de sa vie : bref, elle serre les dents et endure la situation, contrairement à certains autres signes de sa connaissance.

Mercure est une planète rusée, et l'une de ses ruses les plus rusées consiste à se transformer en celui qu'elle a devant elle. Face à une Vierge, Mercure se présente sous l'aspect d'un communicant acharné qui sert l'Univers sans jamais se lasser ni attendre de remerciements, même quand personne ne lui a rien demandé. Mercure tire son nom du dieu romain éponyme [Hermès en grec], complètement « accro » au boulot, celui qui endosse tout un tas de responsabilités supplémentaires [soins, bétail, marchés] puisque ses potes olympiens s'en fichent. Il est submergé de tâches, au gré des exigences de dieux plus puissants, notamment Zeus, lequel ne saurait lacer ses propres chaussures sans lui. Snif !

PLANÈTE, PLANÈTE

Tout signe solaire a un **concierge planétaire** dont le boulot consiste à veiller à ce qu'il reste immaculé, à ramasser les détritus abandonnés par le commun des mortels, à passer la serpillière après les fêtes auxquelles on a invité la Vierge mais où elle n'est pas allée et à ranger les clefs dans son placard réservé à cet effet, personne d'autre ne méritant sa confiance en la matière. Avant l'invention du télescope, les astrologues ne distinguaient que cinq planètes dans le ciel, ainsi que la Lune et le Soleil. Par conséquent, ils considéraient ces deux derniers comme des planètes-maîtresses. À l'époque, tout le monde trouvait que c'était une bonne idée. Chaque planète s'occupait de deux signes du zodiaque, sauf la Lune (chargée du seul Cancer) et le Soleil (qui fait du Lion un roi). Celle de la Vierge est **Mercure**, qu'elle est obligée de partager avec ce bon à rien crasseux et voleur de bas étage de Gémeaux. Certaines parmi les Vierges ont déposé une demande afin d'obtenir une planète-maîtresse, un astéroïde du nom de Chiron. Elles n'ont pas été fichues de fournir les bons docs.

DÉCROCHER LA LUNE

C'est bien joli tout ça, mais comment faire pour déterminer où était la Lune à sa naissance ? Il existe de grands tableaux compliqués (et très pénibles) qu'on appelle des éphémérides et qui recensent l'endroit dans le ciel où, lorsque la Vierge a tout gâché en venant au monde, se trouvait, retenant son atmosphère, chaque planète (pour de fastidieuses raisons astrologiques, la Lune a le rang de planète honoraire). Bref, pour en savoir plus sans que ça demande trop de travail et qu'on est équipé, on peut se connecter à ces différents sites : www.themeastral.net ou www.astrotheme.fr/offres_carte.php. Pour peu que l'on sache où et quand on est né, ils fournissent gratuitement un thème astral à peu près correct qui clouera la Lune sur la roue du zodiaque.

Voici ce qui arrive aux Vierges quand la Lune décide d'inspecter les poussières.

- **Lune en Bélier** Quand cette Vierge sera maître du monde, elle imposera le régime végétarien par loi martiale et taxera les plaisirs.
- **Lune en Taureau** Elle envisage de fonder une entreprise haut de gamme spécialisée dans la création de salles de bains avec douches ultra-puissantes.
- **Lune en Gémeaux** Ça ne lui ferait sans doute pas de mal, pour une fois, de laisser les assiettes sales dans l'évier et de s'amuser un peu.
- **Lune en Cancer** Si elle se pensait immunisée contre les germes, elle serait encore plus collante qu'elle ne l'est déjà.
- **Lune en Lion** Cette Vierge a parfois l'impression d'être une diva coincée dans le corps d'un assistant metteur en scène.
- **Lune en Vierge** Elle souffre d'insomnie, la nuit, à force d'écouter la poussière se déposer et de réfléchir à de nouvelles façons de l'éradiquer.

- **Lune en Balance** Estimant qu'il est injuste de ne critiquer que son/sa conjoint(e), elle s'en prend aussi à tous ses partenaires de galipettes.
- **Lune en Scorpion** Il lui arrive de songer qu'il existe un défaut appelé maniaquerie.
- **Lune en Sagittaire** Parfois, la Vierge ne range pas tout à fond et se borne à fourrer ses affaires dans les placards avant d'en claquer les portes.
- **Lune en Capricorne** Elle a l'apparence de la prudence ; en réalité, elle est timorée.
- **Lune en Verseau** Elle soupçonne qu'on l'a échangée à sa naissance, car elle se moque comme d'une guigne du détail, vice majeur de tous les natifs de la Vierge.
- **Lune en Poissons** Cette Vierge est une innocente pucelle enchaînée à un rocher qui ne demande qu'à être sauvée par un super-héros qu'elle pourra ensuite humilier à loisir.

Née sous un mauvais signe

Haut les (ran)cœurs !

Autre chose. Notre signe solaire est modifié par notre ascendant, le signe qui rôdait à l'horizon au moment de notre naissance. Si le premier correspond à notre ego, du second dépendent nos manières en public (pour autant que chacun en ait), bref : nos haillons du dimanche. Il est le sourire affiché derrière lequel se cache notre moi réel et répugnant. Certains astrologues soutiennent que sa mauvaise influence affecte notre apparence.

Dans l'hémisphère Sud, pour d'obscures raisons astronomiques, il y a moins de gens ascendant Vierge (et Balance) que d'autres signes. Typique ! La Vierge est obligée de bosser deux fois plus dur pour que les lieux aient l'air à peu près propres, dans la mesure où elle est la seule à s'en soucier – en plus, personne ne la remercie.

PRENDRE L'ASCENDANT...

Un peu d'attention, S.V.P., car ce qui suit est un vrai casse-tête. Le zodiaque comprend douze signes que les astrologues aiment à imaginer comme occupant un ruban de ciel qui tournerait autour de la Terre en vingt-quatre heures. C'est là une convention qui n'a rien d'exact d'un point de vue astronomique, et on ne voit rien si on lève la tête : alors inutile d'écrire pour se plaindre. Bref, toutes les deux heures environ, un nouveau signe se hisse au-dessus de l'horizon, à l'est. Le phénomène a lieu, quel que soit le moment du jour ou de la nuit où l'on est né, quel que soit l'endroit maudit du globe où l'on a choisi d'entrer en scène. Cette mécanique astrale permet de comprendre pourquoi deux pucelles, nées à chaque extrémité d'une même journée, froncent le nez face à nous de manière légèrement différente. Il existe de multiples et complexes façons de découvrir son ascendant, mais la meilleure solution reste encore de mettre la main sur un thème astral : www.themeastral.net.

ASCENSION SOCIALE

Le personnage public d'une **Vierge ascendant Vierge** est un perfectionniste irritant et trop franc du collier qui ne se sépare jamais de ses gants en caoutchouc. Cette Vierge essaie ainsi de faire oublier qu'elle complote afin de réorganiser le monde. Voici ce qui se passe lorsque les autres parvenus zodiacaux se poussent du col.

- **Ascendant Bélier** Militante écolo du genre guerrière, cette Vierge ne fait pas de prisonniers : elle les recycle.
- **Ascendant Taureau** Pucelle* aux revenus apparemment respectables. Que diraient les voisins si seulement ils savaient ?
- **Ascendant Gémeaux** Pucelle* indépendante dotée d'une langue acérée et d'un esprit encore plus acéré, en train de mettre sur pied une arnaque aux médecines alternatives.
- **Ascendant Cancer** Pucelle* altruiste qui parle gentiment à ses interlocuteurs pour leur soutirer leurs plus sombres secrets.

Au noir de la Lune

La face cachée de la face cachée des Vierges

Tout n'est pas solaire, du côté caché du signe de la Vierge. Vous savez à présent à quel point les pensées et les aspirations les plus profondes de la Vierge sont **dictatoriales** et **obsessionnelles**. Mais d'où viennent-elles ? Eh oui, de la Lune ! Ou, plus exactement, de l'endroit où, selon le thème astral de la Vierge, cette lunatique de première complotait quand elle est née. Le Soleil représente notre moi, la Lune notre psyché. La petite friponne roule sa caisse à toute berzingue, passant d'un signe à l'autre tous les deux ou trois jours si bien que, durant tout le mois solaire de la Vierge, cette peste **mal lunée** s'agite comme un asticot, à l'instar d'un hypocondriaque en plein salon des médecines alternatives. Voilà qui explique pourquoi deux natifs de la Vierge apparus à seulement quelques

Pluton
Neptune
Uranus
Saturne
Jupiter
Vénus
Lune
Terre
Mars
Mercure
Soleil

- **Ascendant Lion** Pucelle* royale entourée par de jeunes princes que dévorent le désir et l'envie de massacrer des dragons.
- **Ascendant Balance** Pucelle* professionnelle.
- **Ascendant Scorpion** Il semble émaner d'elle un sentiment de méticulosité ténébreuse et hypnotique. En réalité, elle n'est que merdiculeuse.
- **Ascendant Sagittaire** Pucelle* imprudente qui s'enfuit au galop avec des Tsiganes sans avoir pris ses précautions.
- **Ascendant Capricorne** Pucelle* prudente et économe qui sait combien elle vaut.
- **Ascendant Verseau** Pucelle* énigmatique – réalité ou invention : personne ne saurait dire.
- **Ascendant Poissons** Pucelle* mouillée dont on ne cesse d'abuser mais qui en redemande.

* Ou puceau !

Vénus et les Vierges

Étienne, Étienne, Étienne...

La Vierge est-elle du genre drague je-suis-le-centre-du-monde ou dérapage grave voire **plombs carrément pétés** quand on la plaque ? Tout dépend de l'endroit où, à sa naissance, la traînée sans cœur du Système solaire (Vénus) a laissé tomber son mouchoir en minaudant (voir ci-après). Elle a aussi son mot à dire en ce qui concerne le degré d'harmonie avec lequel la Vierge se fond dans le monde. Mais l'harmonie a-t-elle sa place sur la face cachée du zodiaque ? Pour des raisons astrologiques qui risquent de vous griller la cervelle si on tente de les exposer (en gros, Vénus aime trop le luxe pour s'éloigner du Soleil, et son axe de rotation fricote avec celui de la Terre), la planète de l'amour n'apparaît que dans notre

FAITES L'AMOUR ET LA GUERRE

On a l'habitude de dire que Vénus est la planète nana de l'amour, et Mars la planète mec, le seigneur de guerre. On pourrait en conclure que les hommes dépendent de Mars, et les femmes de Vénus. Sans vouloir vexer personne, c'est archifaux. Quel que soit son sexe, on a tous un pied sur chacune de ces deux planètes, et l'endroit où elles se trouvent dans un thème astral a de sacrées répercussions. La Vierge ne doit pas penser que son signe solaire fait d'elle un as du charme, car Vénus dans un signe frigide peut lui couper l'herbe sous le pied. Elle ne doit pas imaginer non plus que son signe solaire signifie qu'elle est l'âme sœur de la colombe de la paix, car elle a toutes les chances de devenir enragée, pour peu qu'on lui pique sa place de parking : Mars est un tantinet irascible. Il lui faut un thème astral [voir www.themastral.net] pour déterminer ce que mijotaient ces deux planètes au moment de sa naissance. C'est bien trop compliqué (et, franchement, ennuyeux) pour s'y coller ici.

signe solaire et ses quatre voisins immédiats. Dans le cas de la Vierge, elle sera donc en Vierge, Cancer, Lion, Balance ou Scorpion. Et voici ce que ça donne en matière de vie amoureuse et sensuelle.

VÉNUS EN VIERGE

Cette Vierge enfile sa tenue en latex, invite ses partenaires chez elle afin de leur adresser de longs reproches et passe une délicieuse soirée à pointer du doigt leurs insuffisances.

VÉNUS EN CANCER

Elle s'agrippe à ses partenaires dès qu'ils tentent de s'en aller le matin, brossant les grains de poussière sur leur col, relaçant leurs souliers, inspectant leurs ongles et leur préparant un revigorant casse-croûte végétarien, puis elle consacre sa journée à se demander pourquoi ils ne rappellent jamais.

VÉNUS EN LION

Cette Vierge sculpte un piédestal pour ses bien-aimés, les oblige à retirer leurs chaussures avant qu'ils ne montent dessus, puis rôde autour d'eux avec un chiffon et une grande bombe de produit nettoyant.

VÉNUS EN BALANCE

Le boudoir de cette Vierge est équipé de deux salles de bains, la première pour ses ardents partenaires qui arrivent, la seconde pour ses ex moroses qui s'en vont. Elle garde un tableau de roulement sous son oreiller.

VÉNUS EN SCORPION

Cette Vierge n'a rien à redire à un peu de dépravation, du moment qu'elle est soigneusement récurée. Elle range ses dessous en cuir noir et ses bottes à talons aiguilles dans un placard réservé à cet effet, et les fessées qu'infligent ses fouets sont un plaisir.

Mars et les Vierges

Tu veux ma photo ?

La Vierge n'aime pas se battre parce que c'est sale, et que les contacts physiques sont porteurs de germes. Il n'empêche, elle peut se montrer **hargneuse**, **paranoïaque**, voire **belliqueuse** selon l'endroit qu'occupera dans son thème astral cette brute de Mars retenue par ses potes (« Laisse tomber, mon vieux, ça n'en vaut pas la peine »). Mars est voisine de la Terre mais sa vitesse de rotation est beaucoup plus lente (histoire de pouvoir mater, sûrement). Il lui faut deux ans et demi pour effectuer son tour du zodiaque, ce qui lui donne environ deux bons mois pour menacer chaque signe. La Vierge estime que les autres passent leur temps à l'agresser à cause de leur **franc-parler**. Si elle se surprend à réagir à ces attaques d'une façon peu hygiénique, qu'elle vérifie l'alibi de Mars au moment de sa naissance.

MARS EN BÉLIER

Non seulement cette Vierge est capable de tirer au pistolet en vingt secondes, mais elle peut en nommer toutes les pièces et le numéro de série. Pas qu'elle soit obsessionnelle, non !

MARS EN TAUREAU

Le bouillonnement rageur habituel de cette Vierge passe à l'alerte rouge et à la fusion nucléaire si quelqu'un tente de s'en prendre à sa tirelire.

MARS EN GÉMEAUX

Elle a du mal à tolérer les imbéciles. Elle est même susceptible de leur balancer des vannes afin de les déstabiliser avant de les bombarder de légumes pourris (mais bio).

MARS EN CANCER

Elle se lance dans un féroce nettoyage de la maison, de la cave au grenier, dans le faux espoir d'arriver à rendre propre son sale caractère.

MARS EN LION

Elle est toujours prête à expédier l'armée pour peu que l'ennemi souille sa royale oriflamme.

MARS EN VIERGE

Tandis que la guerre des civilisations fait rage alentour, cette Vierge concentre ses tirs sur des toilettes isolées dont les distributeurs de savon ne sont pas rechargés régulièrement.

MARS EN BALANCE

Comme il lui a fallu des heures pour laver à la main ses divins treillis en soie, il est hors de question qu'elle les salisse une nouvelle fois.

MARS EN SCORPION

Personne n'ose renverser du bordeaux sur son Armani ni ranger sa collection d'armes antiques bien aiguisées ni déplacer le sucrier, par peur qu'elle ne se venge.

MARS EN SAGITTAIRE

Elle a tellement soif d'action qu'elle omet de lire les petites lignes en bas du contrat et fonce tête la première dans la mêlée de la mauvaise guerre.

MARS EN CAPRICORNE

Un rien aiguillonne cette Vierge, et elle a tendance à nourrir des fantasmes éhontés sur ce qu'elle infligera aux souillons qui cochonnent les rues quand elle sera au pouvoir.

MARS EN VERSEAU

Soldat de pacotille, elle est plus heureuse enfermée dans son labo à concocter d'abominables virus destinés à détruire les systèmes immunitaires (ou informatiques) de ses adversaires.

MARS EN POISSONS

Elle est toujours prête à étaler sa maussaderie rancunière sur des sujets sans importance mais évite les confrontations majeures parce qu'elle se sent un peu fragile – sûrement une blessure de guerre imaginaire qui couve.

Qui lit en elle comme dans un livre ?

État des lieux des opposés

Le signe polaire de la Vierge est le Poissons, un faible paumé, désorganisé et fainéant. Qu'est-ce qui relient un commandeur au cœur sec et au sphincter serré comme la Vierge à cette âme errante, inconsistante et insaisissable de Poissons ? D'où vient cette mutuelle... compréhension ? (Appelons-la comme ça.) Eh bien, à l'instar des méchants et gentils flics du film ou des héros négatifs et positifs de l'histoire, ils ont besoin l'un de l'autre pour que leur côté obscur fonctionne. Cela tient aux éléments (les indésirables, s'entend). La Vierge est Terre, le Poissons est Eau. Ensemble, ils fabriquent de la boue, un truc chouette pour couvrir leurs voisins (même si la saleté les dérange).

La Vierge n'en a-t-elle pas assez d'être organisée, respectable et raisonneuse tout le temps ? De passer son temps à tenter de **recoller les morceaux du monde** (mais qui le ferait, sinon) ? Ne sent-elle pas que tout laver et ranger, tout épousseter et arranger avant que quiconque ait eu le loisir de respirer n'est pas l'unique façon d'exister ? Qu'elle ferme les yeux et ne fasse qu'un avec son alter ego poissonneux : qu'elle prenne le frais sous un rocher et laisse sa maigre capacité d'attention se focaliser sur des algues qui dérivent, sur des insectes qui luisent et sur tout ce qui bouge.

La Vierge doit respecter son **Poissons intérieur**. Il est l'élément qui, parfois, lui permet de lâcher du lest, de contrôler son côté méli-mélo des choses, de boire une bière et de se laisser bercer au rythme des marées de la vie. Les gens finissent par se dire qu'**elle n'est pas si pénible**. Elle aussi, d'ailleurs. La Vierge doit toutefois veiller à ne pas dépasser la dose (ces gros yeux globuleux de Poissons ont une forte capacité d'hypnose), car quelqu'un d'autre qu'elle risquerait de dominer le monde, et cela ne lui plairait pas.

DU TIRAGE DANS L'AIR

Le signe polaire de la Vierge – Poissons – est celui qui, à six places de là, se situe à l'opposé du sien sur la roue du zodiaque et lui adresse des coups d'œil entendus. Un ténébreux cordon ombilical les relie. Si sa face cachée représente son jumeau maléfique, son signe polaire est le jumeau maléfique de son jumeau maléfique. Il la connaît comme sa poche mais, pas de panique, c'est réciproque. Les astrologues de l'endroit du zodiaque soutiennent qu'une forte relation complémentaire, bénéfique et fructueuse, les unit, notamment au travail, dans la mesure où ils partagent une identique énergie (mutable). Ben, tiens ! Du côté sombre des choses, leurs rapports ressemblent plutôt au combat entre un pêcheur irritable et un cabillaud récalcitrant de dix kilos, chacun se démenant, se tortillant et se débattant pour avoir le dessus. Aucune des deux parties ne cède, toutes deux veulent la même chose : triompher.

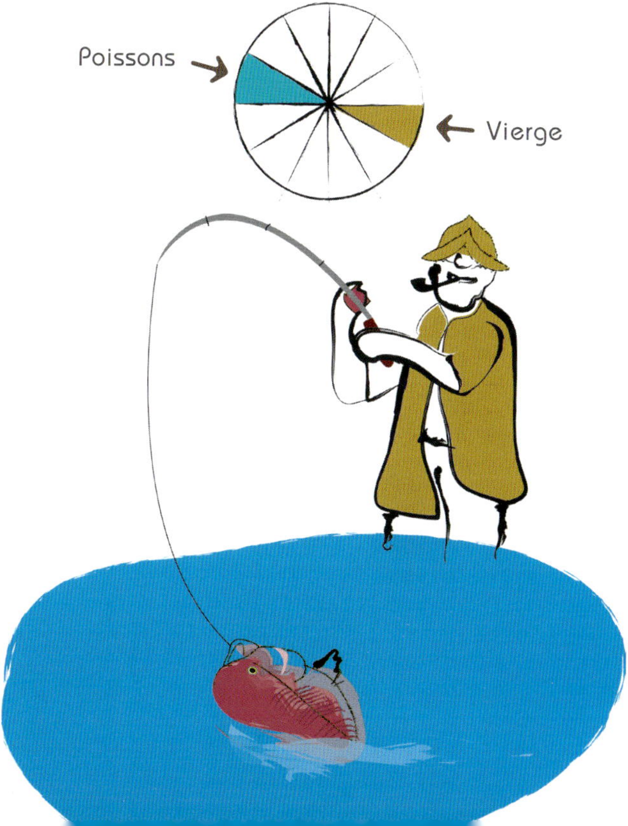
Poissons
Vierge

LA FACE OBSCURE DE L'AMOUR

La Vierge est contrainte de se demander s'il existe quelque part dans le monde un partenaire qui la mérite. Sans doute pas, conclue-t-elle, ce qui est tant mieux car, autrement, elle n'aurait aucune raison de faire la difficile et ses circuits électriques en seraient grillés. Le plus pratique, c'est un autre natif de la Vierge. Facile d'en dénicher un grâce à un site de rencontres (qui lui évite de grenouiller dans l'arène sociale susceptible de la contaminer de ses germes). Lors du premier rendez-vous, ils se reconnaissent aisément à leur mutuelle **attitude froide et distante**. Si l'alchimie opère, elle ne tarde pas à se dissoudre dans une attitude froide et distante. Son rancard idéal, conclu après d'**âpres négociations** dans la mesure où ni elle ni son partenaire ne souhaitent être pris au dépourvu, la voit passer un après-midi à éplucher les archives nationales, puis à dîner léger dans son restau végétarien préféré avant de terminer par une soirée à croiser des données pornos au café Obsessionnel-compulsif.

Sexe

Service complet

Contrairement à la croyance populaire, la Vierge aime le sexe. Il comporte d'ailleurs certains aspects étranges et humides qui ne lui déplaisent pas. Elle ne porte pas cette combinaison en caoutchouc noir juste pour se protéger de moiteurs intimes et de fluides corporels étrangers. Exactement comme pour l'entretien de la voiture, la Vierge fait l'amour en suivant le manuel d'instruction qu'elle prend soin de lire à son partenaire de jeu au préalable, sans oublier de marquer les pages décrivant les passages les plus compliqués et de veiller à ce que les outils nécessaires soient en bon ordre de marche. Elle n'éteint pas la lumière, bien sûr – à quoi bon s'abîmer les yeux ? Elle est aussi susceptible de filmer la performance, histoire de disposer d'une vidéo pédagogique et de montrer à ses complices ce qu'ils ont mal fait durant telle ou telle manœuvre complexe. Au cours du repos qui suit, après que chacun ait pris (séparément) une douche antibactérienne, la Vierge tend à son partenaire un **questionnaire à remplir** (genre satisfait ou remboursé), puis elle mène une rapide étude statistique sur son ordinateur afin de comparer les réponses à celles ayant qualifié ses précédentes parties de jambes en l'air. Lorsque, à son tour, on lui demande si elle est heureuse, elle fait un rapport complet en trois points avec bibliographie de référence.

QUEL GENRE DE CONJOINTE EST-ELLE DONC ?

La Vierge ne largue jamais. Elle tient toujours à « en parler », ce qui est drôlement pire. Elle attend avec impatience le moment où la relation tourne mal afin de souligner la façon dont ses partenaires ont renié l'accord prénuptial qu'elle avait concocté en secret dans sa tête, et elle n'accepte jamais leur départ. Ses malheureux ex qui tentent de se sauver sont **harcelés** à coups de **textos**, de **mails**, d'**appels téléphoniques** et de **lettres** jusqu'à ce que mort s'ensuive.

INCOMPATIBILITÉS AMOUREUSES

- **Béliers** – la Vierge fait des remarques critiques constructives ; ils la tabassent.
- **Taureaux** – elle dit « austérité » ; ils rétorquent « des clous ».
- **Gémeaux** – ils sont plus teigneux qu'elle et se moquent de ses reparties maladroites.
- **Cancers** – ils sont toujours plus forts que la Vierge en matière d'inquiétude d'amplitude cosmique.
- **Lions** – ils méprisent la Vierge de n'avoir aucun intérêt pour la pompe et l'apparat.
- **Vierges** – bric-à-brac en nombre excessif.
- **Balances** – la Vierge les traite de menteurs hypocrites, ils la traitent d'entêtée trop directe.
- **Scorpions** – la Vierge soupçonne qu'elle ne sera jamais à leur niveau, question obsessions.
- **Sagittaires** – la Vierge parle sans réfléchir, vu que ce sont des crétins dénués de tact.
- **Capricornes** – ce sont les grands rivaux de la Vierge en matière de politique d'austérité.
- **Verseaux** – ils sont les navires qui passent au loin, la nuit, sur d'autres océans que les siens.
- **Poissons** – désarmant : ils réussissent toujours à esquiver le coup qui les mettrait K.-O.

Relations sociales

Seule au monde

Personne n'arrive à supporter le perfectionnisme d'**empêcheur de tourner en rond** de la Vierge. Pas même elle ! Si n'importe quel type de relation avec elle est hyper stressant, vivre avec elle est carrément tuant. Il lui est arrivé de viser la réussite en choisissant des cibles plus bêtes qu'elle, pensant à tort qu'elle réussirait à leur imposer son système sans qu'elles s'en aperçoivent. En vain. Désormais, la Vierge a compris qu'elle se porte mieux en rôdant seule la queue en l'air (enfin, si on ne compte pas les quarante-six autres chats qui partagent son panier et n'ignorent rien du pouvoir des coups de langue obsessionnels et des airs supérieurs affichés].

Pourquoi la Vierge s'aliène-t-elle les autres de manière aussi constante ? Ce sont les petits détails, les responsables [n'est-ce pas ironique, pour une acharnée du détail comme elle ?]. Lors d'une fête, elle est celle qui snobe la terrine d'aubergines [pas bio], qui fait courir un doigt dédaigneux sur l'encadrement supérieur de la porte [poussiéreux] ou qui s'enivre à mort [l'alcool est gratuit]. À l'époque où la Vierge avait encore des amis, sa bande organisait des soirées sympas et sans chichis : quelques bières, voire une pizza. Mais son fascisme en matière de nourriture a fini par impliquer d'échouer dans un restaurant macrobiotique aux murs beige ne servant pas d'alcool, où ses potes l'observent, bouche pincée, jouer avec sa soupe au miso, puis sont obligés de patienter trois-quarts d'heure qu'elle ait partagé l'addition sans léser personne.

En réalité, la Vierge attend de ses amis ou de ses partenaires qu'ils lui servent de punching-balls : qu'ils se bornent à tourner lentement et passivement tandis qu'elle les agonise de coups droits critiques, d'uppercuts narquois et de directs du gauche méprisants, le tout suivi d'une avalanche de remarques acerbes. L'entraînement quotidien d'un champion de boxe revêche, en somme.

Boulot

Sérieuse, sérieuse

La Vierge adore travailler parce que, sans emploi, elle serait obligée de fréquenter sa famille et d'avoir une vie. Les chefs l'adorent (au début, du moins) : elle est le valet parfait, toujours prête à s'échiner au débotté le week-end ou à annuler les luxueuses vacances de ses rêves pour lesquelles elle a économisé durant des années, histoire de régler un problème urgent survenu dans l'armoire aux fournitures. Elle raffole à l'idée de servir quelqu'un, sa façon à elle de contrôler le hideux hasard qui caractérise l'Univers.

La Vierge n'a pas soif d'argent mais de statut et de respect. Pour peu qu'elle ne se sente pas reconnue à sa juste valeur, elle se venge à coup de méchancetés, de sarcasmes, de vacheries, de récriminations, de ragots, de **manœuvres mesquines** et en dénonçant les nouveaux arrivants qui ont utilisé la photocopie pour des raisons n'ayant aucun rapport avec la boîte.

Ses collègues n'en reviennent pas de leur chance quand elle arrive pour la première fois, dans la mesure où l'on peut compter sur elle pour exécuter les tâches pénibles, barbantes et routinières [elle trouve la routine exaltante]. Mais ils déchantent vite, car l'abjecte servilité de la Vierge les fait passer pour des fainéants ; de plus, personne n'aime les **donneurs de leçons** arrogants.

Peu à peu, les chefs se rendent compte qu'elle fait de longues heures, non pas parce qu'elle est endurante et qu'elle se soucie de l'entreprise, mais parce qu'elle est **obnubilée par les détails**. La Vierge passe au moins soixante minutes chaque matin à mettre des codes couleur sur ses gommes. Malheureusement, ils ne peuvent pas la virer : elle s'est rendue indispensable, dans la mesure où elle est la seule à comprendre la base de données qu'elle a mise en place [il faut dire qu'elle est la seule à s'être donné la peine de lire le manuel qu'elle a écrit].

BOULOTS DE RÊVE

La Vierge est bien trop occupée pour gaspiller le temps (et l'argent) de son employeur en rêvant à des boulots idéaux. Et si jamais elle surprend un collègue en train de bâiller aux corneilles, elle estime de son devoir de le balancer au chef. Néanmoins, durant sa pause tofu, elle réfléchit aux options suivantes :

> Comptable en charge du contentieux

De longues et délicieuses journées passées derrière son bureau à ergoter dans de vieux dossiers pour traquer les stratagèmes ingénieux de fraudeurs créatifs dont le souci du détail est admirable mais pas à la hauteur du sien.

> Censeur

Un boulot très prenant qui mêle pruderie, perversité (son vice le plus secret), remise en ordre, et permet à la Vierge de dire aux autres ce qu'ils doivent penser. Et puis, les gribouillis rouges qu'elle fait sur un manuscrit ne sont-ils pas tout bonnement jouissifs ?

Crimes et méfaits

Qu'est-ce qu'on risque, après tout ?

Quelle sorte de criminel serait la Vierge si la psychopathie devenait le nouvel ordre du monde ? À quoi passerait-elle ses journées (et peut-être ses nuits) si elle vivait vraiment sur la face cachée des choses ? Eh bien, un criminel hors pair : la Vierge est soigneuse, douée de ses mains, et sûr de ne jamais laisser d'indices derrière elle. Elle ferait un excellent **forceur de serrures** et un encore plus crédible pilleur de coffres-forts discret. (Toutes ces combinaisons à percer, quel bonheur ! Fi des explosifs !) Naturellement, elle exige un sbire à ses côtés dont le rôle est de sauver la situation quand les choses tournent au vinaigre.

Il va de soi que la Vierge porte des gants et qu'elle ne laisse jamais d'empreintes dans la poussière, parce qu'elle ne laisse pas de poussière (quand bien même ces flemmards de propriétaires des lieux sont des souillons) – elle ne manque jamais de transporter sur elle un plumeau télescopique.

La Vierge respecte la loi, car elle respecte tout ce qui tente d'établir un peu d'ordre dans le chaos général, mais elle estime qu'elle devrait se concentrer sur ce qui a une réelle importance, comme les cochons qui salissent les lieux publics – de véritables criminels, à ses yeux.

Au tribunal, elle mène sa propre défense (pas question de payer des frais d'avocat exorbitants !). Elle évoque, longuement et d'une voix monocorde, des précédents, des torts qu'on lui a faits, des trucs et des machins, jusqu'à ce que le juge et le jury soient tellement moulus qu'ils la libèrent. Sauf que, souvent, on la relâche beaucoup plus tôt car elle présente si bien (c'était aussi le cas des nazis). Dans les rares occasions où elle est emprisonnée, le personnel surveillant redoute son arrivée, car elle connaît ses droits sur le bout des doigts et ne cesse de déposer des demandes écrites pour les réclamer. La Vierge est plutôt solitaire, ce qui vaut mieux dans la mesure où les matons n'apprécient pas qu'elle les dénonce chaque fois qu'ils se permettent une entorse au règlement.

MAUVAIS COTON

La Vierge n'est pas douée de la hauteur de vue qui lui permettrait de devenir un maître du crime, mais elle est bonne pour établir un plan détaillé de tous les trucs pénibles dont les maîtres du crime ne s'encombrent pas l'esprit. Hélas, elle a la fâcheuse habitude, une fois les flics à ses trousses, de s'arrêter pour expliquer ses vilaines intentions au lieu de simplement décamper.

> Faussaire

Un boulot qui n'exige aucune imagination mais une attention méticuleuse au détail, un travail lent et méthodique afin de recréer des versions parfaites mais illégitimes de factures, pièces, œuvres d'art, etc. La Vierge est née pour ça.

> Tueur en série

Ce n'est pas la soif de sang qui mène la Vierge, mais le schéma récurrent. Ses victimes sont sans intérêt : pour l'essentiel, elle prend son pied en élaborant un mode opératoire et en déterminant une régularité de ses crimes si complexes et déroutants que les enquêteurs de tout le pays sont incapables de les décoder.

À la maison

Cellule d'isolement

La Vierge est rarement dérangée par des visiteurs – du moins, jamais deux fois par les mêmes. Certains ont un peu de mal à faire fonctionner la salle de décontamination installée dans son entrée. À moins qu'ils ne soient rebutés par les housses en plastique sur ses meubles, la protection hygiénique sur ses toilettes ou la vue de son mini-aspirateur fourré dans son holster sur sa hanche, prêt à ramasser la première miette. Ce qui est dommage, parce que la Vierge est presque toujours contente de recevoir des invités (**prière de prendre rendez-vous** au préalable), même à dîner, du moment qu'ils mangent leurs lentilles marinières sitôt servis puis s'en vont aussi sec car elle doit stériliser la vaisselle immédiatement.

DÉCO

Comme elle a une peur morbide des couleurs vives (beige compris), tous les murs de sa maison sont blancs. Ainsi, la Vierge repère une saleté à l'instant où elle apparaît. Elle n'y suspend rien parce que ça pourrait laisser des marques. En revanche, elle crée des motifs intéressants avec ses innombrables repose-pieds et tables d'appoint (dont beaucoup sont couvertes de **bibelots hideux**) organisés selon une configuration bien spéciale.

PARTAGER L'ENCLAVE D'UNE VIERGE

Peu d'éventuels colocataires franchissent l'étape du questionnaire obligatoire de trente pages. La Vierge découvre d'ailleurs que ceux qui y parviennent rechignent souvent à se soumettre à l'inspection biquotidienne de leur chambre ou tentent d'échapper à leur tour de jointoiement hebdomadaire des carrelages de la salle de bains.

INCOMPATIBILITÉS DOMESTIQUES

- **Béliers** – ils refusent d'entreposer leurs rations de viande dans la cabane à outils pour ne pas salir la cuisine.
- **Taureaux** – ils trouvent parfaitement normal de manger trois fois par jour et non une seule.
- **Gémeaux** – ils planquent les modes d'emploi de tous les équipements électroniques de la Vierge.
- **Cancers** – dès que la Vierge jette un truc, ils le récupèrent pour alimenter leurs collections.
- **Lions** – comme ils n'ont pas confiance en ses talents de ménagère, ils embauchent un pro.
- **Vierges** – ils ne cessent de marmonner au sujet de l'incompatibilité entre le système de rangement de la Vierge et le leur.
- **Balances** – ils passent des heures dans la salle de bains mais ne nettoient jamais derrière eux.
- **Scorpions** – ils détruisent dans le dos de la Vierge son bric-à-brac le plus inutile.
- **Sagittaires** – ils invitent leurs potes et écrasent accidentellement les repose-pieds de la Vierge.
- **Capricornes** – la Vierge reste assise dans le froid, ni l'un ni l'autre ne souhaitant être le premier à allumer le chauffage. Radinerie quand tu nous tiens !

- **Verseaux** – ils observent les habitudes de la Vierge comme si elle était une forme de vie extraterrestre.
- **Poissons** – ils salissent comme personne mais échappent aux foudres de la Vierge en faisant semblant d'écouter ses conseils.

NUANCIER VIERGE

- Chaux blanche
- Or blanc
- Drapeau blanc
- Semaine du blanc
- Bruit blanc
- Congère
- Javel
- Albinos
- Inox
- Linge passé au bleu

Loisirs

L'envers du farniente

En ce qui concerne la Vierge, la meilleure partie des vacances – pour peu qu'elle soit contrainte d'en prendre –, c'est leur préparation : billets les moins chers possible, **assez de sandwichs** aux pois chiches pour dix jours, dépenser encore moins que l'an passé, lorsqu'elle a rapporté avec joie son argent de poche intact (parce qu'elle a croisé un de ses vieux amis Taureau). Elle reconnaît toutefois que **les formules tout compris**, si possible dans des endroits balnéaires, ont leurs avantages. Pendant que la famille est à la plage, la Vierge passe des heures délicieuses à calculer si elle en a pour son argent ; dans le cas contraire (ô joie !), elle s'offre des sessions de plaintes fort satisfaisantes à la réception.

SÉLECTION ZODIACALE

Imaginez-la échouée sur une île déserte ou un sommet alpin, perdue dans la jungle ou en pleine mer avec onze autres personnes, toutes d'un signe différent. Laquelle la Vierge doit-elle éliminer la première afin de survivre ? Remarquez, il se pourrait qu'elle n'y soit pas obligée : la moitié du zodiaque aura décampé pour le coin opposé de l'île déserte/sommet alpin/jungle/bateau afin de former un groupe de dissidents plutôt que l'écouter une minute de plus raconter comment il faut procéder. Les signes les plus lugubres risquent d'opter pour le suicide collectif ou de s'éloigner sans mot dire dans le blizzard ululant.

Le séjour idéal consiste en un voyage où elle serait susceptible de choper une ou deux maladies exotiques et rares : quelque chose de récurrent et d'incurable, provoquant de préférence un **eczéma bien visible**, de façon à ce qu'elle puisse s'entendre avec l'assistance des gens dans le vent inscrits aux Hypocondriaques Anonymes.

VACANCES INFERNALES

Un séjour reposant dans un endroit reculé où la Vierge ne peut pas brancher son ordinateur portable, en compagnie d'une Balance relax : le farniente n'est pas pour elle, et elle est persuadée que sa boîte risque de s'écrouler sans ses interventions quotidiennes.

Le carnaval de Rio avec un Lion et un Gémeaux : du bruit, des couleurs criardes, de l'amusement, des aventures potentielles – tout cela est beaucoup trop désorganisé.

Partout où le soleil brille (et fait ressortir les couleurs) et où la vie est abordable (pas de place pour les budgets rusés et créatifs).

AU VOLANT, RESTER COURTOISE

La Vierge connaît le code de la route par cœur, y compris ses mises à jour, et n'hésite pas à avertir les autres chauffeurs quand ils conduisent mal ou enfreignent une règle de moindre importance. Certaines ne se déplacent jamais sans un **gyrophare amovible** qu'elles posent sur leur toit afin de mieux arrêter les contrevenants. La Vierge se vexe et s'offense quand ces derniers lui adressent un doigt d'honneur ou la percutent, ou quand elle est arrêtée pour avoir joué les gendarmes. **Elle mémorise toujours** son trajet ainsi que les déviations possibles en cas de bouchons impromptus, mais cela ne l'empêche pas de prendre des cartes routières, pliées dans leur étui en plastique nettoyable.

ACTIVITÉS LUDIQUES

La Vierge connaît les règles de tous les jeux et retarde souvent le début de la partie parce qu'elle les explique à l'arbitre, au jury, à ses coéquipiers. Elle n'autorise personne à jouer avec son ballon, des fois qu'il se salisse, et le remporte toujours chez elle dans son sac en plastique personnel.

ASPIRANTS VIERGES

Howard Hughes, l'ingénieur, aviateur et aventurier ayant peur de se tacher, le reclus qui refusait de serrer la main des gens sans gants en caoutchouc et qui interposait toujours un mouchoir en papier en guise d'écran entre lui et le monde est sûrement un candidat de première. Eh bien non, il était Balance. Mais de peu (24 septembre), et sans certitude, car un mystère entoure sa naissance. Et que dire de William Gladstone (1809-1898), le Premier Ministre anglais qui avait l'habitude de rôder en pleine nuit dans les rues de Londres, en quête de femmes perdues à sauver ? Il les ramenait chez lui, leur lisait la Bible puis se fustigeait ensuite afin de se purifier. Un Verseau, pour le coup. Cependant, tous les homéopathes sont des Vierges honoraires : en témoigne la liste interminable de symptômes à lier à la liste interminable de remèdes possibles ? Rien qu'à les regarder la déchiffrer, les gens sont guéris.

Mauvaise compagnie

Sa galerie d'infâmes

Si vous êtes Vierge et que la visite de votre face cachée vous a quelque peu fragilisé, voici, pour apaiser votre âme, quelques-unes des Vierges infâmes ou fameuses, notoires ou bêtement méchantes qui éprouveraient la même sensation que vous si elles lisaient ce chapitre. Le **nombre d'obsessionnels** sans égal et de maniaques hypercritiques que cette liste contient va vous impressionner : vous êtes en très bonne mauvaise compagnie. Malgré votre phénoménal (et carrément mesquin) côté sombre, nombreux sont ceux qui voudraient être vous mais n'ont pas su remplir les formulaires correctement. Prendre n'importe quel **perfectionniste tatillon** et moraliste sans vie sociale mais toujours prêt à expliquer aux autres comment vivre... il s'agit bien d'un aspirant Vierge. Sinon, il y a du mensonge dans l'air. Vous ne croyez pas ? Lisez le paragraphe ci-dessous.

IVAN LE TERRIBLE (4 SEPTEMBRE 1530)

Premier tsar de Russie, victime martyrisée par une mauvaise santé chronique, il est connu pour sa politique administrative progressiste qui permit d'unir la Russie et d'en faire un pays puissant ; il est tout aussi connu pour sa politique paysanne répressive, qui tua ou réduisit à l'esclavage une vaste partie des habitants dudit pays.

CARDINAL DE RICHELIEU (9 SEPTEMBRE 1585)

Premier ministre et valet hors pair de Louis XIII, dont il embellit le statut et le pouvoir à l'aide d'un programme bien léché de répression politique et de force imposée. Célébré plus tard pour son intellect analytique, Richelieu croyait qu'il fallait punir férocement les délits mineurs afin de décourager les crimes plus graves. Toujours le sens du détail !

D.H. LAWRENCE (11 SEPTEMBRE 1885)

Auteur de l'abominable *Amant de Lady Chatterley* [entre autres], il souffrait d'une santé défaillante [qui le rendait irritable] tout en étant à la fois obsédé et révulsé par une libido à tout casser que, apparemment, il ne sut ni mettre en pratique ni décrire sans faire mourir d'un rire inextinguible ses lecteurs.

GRETA GARBO (18 SEPTEMBRE 1905)

Star hollywoodienne d'origine suédoise fort recluse qui connut de nombreuses liaisons avec des partenaires des deux sexes mais ne s'attacha durablement à aucun. Connue pour aimer la solitude, elle réussit à vivre presque quatre décennies après s'être retirée des écrans à l'âge de 36 ans.

ÉDITION ORIGINALE
• *Vierge, son mode d'emploi, ses qualités : Gary Goldschneider's Everdyday Astrology*. Copyright © 2009 Gary Goldschneider, tous droits réservés. Initialement publié en anglais par Quirk Books, Philadelphia, PA. Les droits de ce livre ont été négociés par l'intermédiaire de l'agence littéraire Sea of Stories, (www.seaofstories.com, sidonie@seaofstories.com).
• *Vierge, sa face cachée, ses défauts : Darkside Zodiac*. Copyright © The Ivy Press 2004. This partwork translation of *Darkside Zodiac* originally published in English in 2004 is published by arrangement with The Ivy Press Limited.

ÉDITION FRANÇAISE
• *Vierge, son mode d'emploi, ses qualités* : Adaptation à partir de *Signes astrologiques, mode d'emploi*, de Gary Goldschneider.
Traduit par Catherine Bricout et Marie-Noëlle Pichard.
Symboles : © Archives Larousse. Illustrations :© thinkstockphotos.com : coll. istockphotos (p. 17, 18, 20, 22, 37, 38, 41, 53, 56, 58, 60, 67, 75, 84, 94, 99), coll. Hemera (p. 24, 31, 33, 42, 49, 51, 57, 78, 80, 85), coll. Dorling Kindersley RF (p. 46).
• *Vierge, sa face cachée, ses défauts* : Adaptation à partir de *La Face cachée de la Vierge*, de Stella Hyde.
Traduit par Luc Rigoureau.
Symboles : Tonwen Jones, Marina Murgioni. Illustrations : Tonwen Jones.

Réalisation : Nord Compo.

ISBN 978-2-03-591799-7

Imprimé en Italie par L. E. G. O. S. p. A, Vicenza
Dépôt légal : septembre 2015
316656/01 - 11030886 août 2015